西安交通大学人文社会科学学术著作出版基金资助
中央高校基本科研业务费专项资金资助
(Supported by "the Fundamental Research Funds for the Ce

U0812541

组织伦理行为研究

张喆 陈畅 著

西安交通大学出版社
XI'AN JIAOTONG UNIVERSITY PRESS

图书在版编目(CIP)数据

组织伦理行为研究 / 张喆，陈畅著. — 西安 ：西安交通大学出版社，2023.6

ISBN 978 - 7 - 5693 - 3084 - 7

Ⅰ. ①组… Ⅱ. ①张… ②陈… Ⅲ. ①组织管理学—伦理学—研究 Ⅳ. ①C936

中国国家版本馆 CIP 数据核字(2023)第 016114 号

书　　名　组织伦理行为研究
ZUZHI LUNLI XINGWEI YANJIU
著　　者　张　喆　陈　畅
责任编辑　王建洪
责任校对　祝翠华
装帧设计　伍　胜

出版发行　西安交通大学出版社
(西安市兴庆南路 1 号　邮政编码 710048)
网　　址　http://www.xjtupress.com
电　　话　(029)82668357　82667874(市场营销中心)
(029)82668315(总编办)
传　　真　(029)82668280
印　　刷　西安五星印刷有限公司

开　　本　700mm×1000mm　1/16　**印张**　11.625　**字数**　156 千字
版次印次　2023 年 6 月第 1 版　2023 年 6 月第 1 次印刷
书　　号　ISBN 978 - 7 - 5693 - 3084 - 7
定　　价　68.00 元

如发现印装质量问题，请与本社市场营销中心联系。
订购热线：(029)82665248　(029)82667874
投稿热线：(029)82665379　QQ：793619240
读者信箱：xj_rwjg@126.com

前　言

在当今商业社会中，组织伦理行为是一个备受关注的话题。组织伦理行为是指组织内部成员在处理业务过程中的道德标准和行为准则。在一个组织中，员工的道德行为不仅是个人问题，也是整个组织的形象和信誉的体现。因此，研究组织伦理行为对于提高组织的道德水平和减少道德风险具有重要的现实意义。

我作为本书的作者之一，近年来依托国家自然科学基金委的青年、面上基金项目，以组织伦理为主题在国内外知名学术期刊上发表了一系列相关研究文章，在这个领域产出了一定高质量的研究成果。此外，本人也参加了多家企业的商业伦理实践活动，承担了EMBA、MBA、留学生硕士、本科等多个层次的授课，同时也承担了多家企业管理人员的企业伦理培训工作。在广泛参加商业伦理的实践和教学工作的过程中，经常会听到学生和企业中的管理者们发问：组织伦理行为是什么？组织伦理行为究竟讲什么？组织伦理行为研究究竟做什么？如何才能将企业经营的各个方面与组织伦理进行深度结合？

正是基于此，为了更好地解决学生和企业中的管理者们的诸多疑问，本书以组织伦理行为作为主题，试图从问题出发，具体从以下七个方面回答有关组织伦理行为研究领域的诸多疑问：①组织伦理行为的研究概述；②组织政策与伦理行为——组织目标与伦理行为；③组织政策与伦理行为——企业社会责任对员工的影响研究；④组织政策与伦理行为——基于社会责任的人力资源管理实践与员工行为；⑤领导行为与组织伦理——公仆型领导对员工的影响研究；⑥领导行为与组织伦理——谦卑型领导对员工的影响研究；⑦领导行为与组织伦理——辱虐型领导对员工的影响研究。

本书全面汇总了组织伦理行为的相关研究，特色主要体现为研究导向。具体地讲，近年来国内外诸多知名期刊陆续发表了有关组织伦理行为的相关研究成果，本书将这些重要的研究成果进行梳理、汇总，无论是对于研究组织的学者掌握最新的组织伦理行为的研究前沿，还是激发企业中的管理者们进一步在日常的商业管理活动中身体力行地实践伦理性经营，都是有好处的。

对于书中的不当之处，敬请各位读者批评指正。

张喆

2023 年 6 月 16 日于西安交通大学管理学院

目 录

第一部分　绪论

第 1 章　组织伦理行为的研究概述 …………………………… (3)

1.1　组织伦理行为的研究背景 …………………………… (3)

1.2　组织伦理行为的研究趋势 …………………………… (4)

本章要点 …………………………… (6)

本章参考文献 …………………………… (7)

第二部分　组织政策与伦理行为

第 2 章　组织目标与伦理行为 …………………………… (11)

2.1　组织延展性目标的相关研究 …………………………… (11)

2.1.1　组织延展性目标与不道德行为 …………………………… (12)

2.1.2　组织延展性目标与员工情绪耗竭 …………………………… (20)

2.1.3　组织延展性目标与工作家庭冲突 …………………………… (28)

2.2　组织目标设置的相关研究 …………………………… (34)

2.2.1　研究内容 …………………………… (35)

2.2.2　研究结果与意义 …………………………… (40)

本章要点 …………………………… (44)

本章参考文献 …………………………… (44)

第3章　企业社会责任对员工的影响研究 …………………………（51）
3.1　企业社会责任与员工行为 ……………………………………（51）
3.1.1　CSR与员工建言 ……………………………………………（51）
3.1.2　CSR与员工反生产行为 ……………………………………（62）
3.2　企业慈善与企业绩效 …………………………………………（69）
3.2.1　研究内容 ……………………………………………………（71）
3.2.2　研究结果与意义 ……………………………………………（75）
3.3　企业志愿服务氛围与员工行为 ………………………………（79）
3.3.1　研究内容 ……………………………………………………（81）
3.3.2　研究结果与意义 ……………………………………………（86）
本章要点……………………………………………………………（90）
本章参考文献………………………………………………………（91）
第4章　基于社会责任的人力资源管理实践与员工行为…………（99）
4.1　基于社会责任的人力资源管理实践的定义与研究现状 …（99）
4.2　基于社会责任的人力资源管理实践与反生产行为………（100）
4.2.1　研究内容……………………………………………………（100）
4.2.2　研究结果与意义……………………………………………（106）
本章要点 …………………………………………………………（110）
本章参考文献 ……………………………………………………（111）

第三部分　领导行为与组织伦理

第5章　公仆型领导对员工的影响研究 …………………………（115）
5.1　公仆型领导与帮助行为和建言行为…………………………（117）
5.1.1　研究内容……………………………………………………（117）
5.1.2　研究结果与意义……………………………………………（123）

5.2　公仆型领导与创新行为 …………………………………… (126)
5.2.1　研究内容 ………………………………………………… (126)
5.2.2　研究结果与意义 ………………………………………… (131)
5.3　公仆型领导与组织公民行为 ……………………………… (134)
5.3.1　研究内容 ………………………………………………… (134)
5.3.2　研究结果与意义 ………………………………………… (141)
本章要点 ……………………………………………………………… (143)
本章参考文献 ………………………………………………………… (144)
第 6 章　谦卑型领导对员工的影响研究 ……………………… (150)
6.1　谦卑型领导的定义与研究现状 …………………………… (150)
6.2　谦卑型领导与员工创造力 ………………………………… (151)
6.2.1　研究内容 ………………………………………………… (152)
6.2.2　研究结果与意义 ………………………………………… (157)
本章要点 ……………………………………………………………… (161)
本章参考文献 ………………………………………………………… (161)
第 7 章　辱虐型领导对员工的影响研究 ……………………… (164)
7.1　辱虐型领导的定义与研究现状 …………………………… (164)
7.2　辱虐型领导与员工工作投入:第三方视角 ……………… (165)
7.2.1　研究内容 ………………………………………………… (165)
7.2.2　研究结果与意义 ………………………………………… (170)
本章要点 ……………………………………………………………… (174)
本章参考文献 ………………………………………………………… (174)

第一部分

绪　论

第1章　组织伦理行为的研究概述

从20世纪80年代开始，对组织中（非）伦理行为的系统研究开始形成，通常被称为组织中的行为伦理或组织伦理[1]。多年来，一系列的伦理崩溃增加了这一研究领域的重要性。无论是“西门子强注海信商标”还是“SK-Ⅱ 风波”，抑或是“苏丹红事件”，这些事件无一例外地把组织伦理问题一次次推到了风口浪尖，引起了学者们和管理者们的广泛关注。本章对组织伦理行为的研究背景和研究趋势进行梳理。

1.1　组织伦理行为的研究背景

组织中的伦理行为研究是指在组织环境中，特别是在工作环境中，对伦理和非伦理的决策和行为的研究。根据Trevino等[1]的一项早期综述，行为伦理学研究者在很大程度上研究了三种类型的相关行为：违背社会公认道德规范的非伦理行为（如撒谎、欺骗、偷窃），符合社会最低道德标准的常规伦理行为（如诚实、尊重他人），以及超越社会道德底线的异常伦理行为（如慈善捐赠、举报）。

非伦理行为为何层出不穷？现在很多人认为企业的终极目标是追求利润的最大化，甚至相信资本的积累是需要原罪的，如果循规蹈矩地去做，企业可能发展不起来，所以要先赚钱，等有了资本之后再金盆洗手。其实这样的转变是不太可能的，如果一开始靠非伦理或不道德的手段发家，当慢慢品尝到甜头时，企业就难以抗拒了，而且这种观念会在企业里根深蒂固，各层管理者和普通员工思想里面都会潜移默化地有这种意识。当然，企业的非伦理行为如果没被发现，企业照样可以赚钱，但一旦被揭穿，企业有可能马上就会中止非伦理行为。南京冠生园的倒闭就是一个很好的例子。所以说，企业如果一开始没有树立一个好的道德标准，而是想通过原罪的积累以后再进行变化，往往是很困难的，所承担的风险也非常大。此外，社会优秀传统的缺失也是非伦理行为出现的一个原因。

组织内员工的非伦理行为也屡见不鲜。由于巨大的工作压力、职场竞争，目前工作场所的非伦理行为非常普遍。例如，毕马威会计师事务所(KPMG)在 2008 年对 5056 名企业成员进行了一项行为调查，结果发现在 1 年里，大约 74% 的人员表现出了不道德行为。道德资源中心 2012 年对 500 名员工进行的调查发现，52% 的员工存在不当或非伦理行为。另外，随着各行各业工作自主性的不断普及和提高，人们也逐渐发现一些与之相关的不当行为。例如，2007 年全球经济危机的一个重要诱因，即是银行家在抵押借贷方面的自由决定权过大。在宽松的规章制度下，银行家可以通过自己的方式，对那些不具备偿还能力的人给予贷款，层层累积，最终带来一系列连锁反应，几乎酿成全世界范围的经济崩塌。此外，组织内部的渎职犯罪率也较高。例如，Xin[2] 的研究提到，2005 年，中国银行业共发现 1272 起犯罪和违规行为，造成 14.7 亿元人民币的经济损失。然而，我国银行业的大多数犯罪由于能见度低、复杂度高而难以侦破。综上所述，考虑到组织非伦理行为的普遍性和造成的严重后果，组织伦理行为研究的重要性可见一斑。因此，组织伦理行为的相关研究日益增多。

1.2 组织伦理行为的研究趋势

组织伦理行为的大多数研究都始于这样一个前提：组织中的伦理行为是好的，非伦理行为是坏的，理解这两种行为的预测因素可以帮助组织产生更多的好的伦理行为，减少坏的非伦理行为[3]。为此，该领域的研究者们提出了一系列伦理决策模型，揭示了个体的伦理决策过程，以及影响该过程的各种因素。在本章中，我们简短地概述了过去指导组织伦理研究的一些主要理论，为读者理解最近关于个体如何做出伦理决策的问题奠定基础。

组织中的人是在权力和权威结构中，在组织、领导和同伴的影响和约束下进行决策和行动的。例如，根据 Trevino 的组织伦理决策的人-情景互动模型[4]，组织的影响力很大程度上是因为人们在决定如何思考伦理困境时依赖他人。该模型强调了认知道德发展理论对理解组织伦理的重要性[5]。根据科尔伯格在道德推理方面的研究，我们了解到，大多数成年人都处于他所说的认知道德发展的传统水平，这意味着他们在做出道德决定时，会向自己以外的人寻求指导。当应用到组织中，这一理论解释了同事、领导、重要的其他人、规则、法律和准则的强大影响力，所有这些都可以指导员工的道德决策和行为。

在组织伦理行为研究领域，非常重要的模型之一是 Rest 的四阶段伦理决策模型[6]。根据该模型，面临伦理困境的个体首先会经历道德意识，即他们认识到所面临的问题是一个伦理问题；接下来，他们会进行道德判断，即决定对错的过程；然后，他们形成道德动机或意图；最后，他们采取行动。自该模型引入以来，许多组织伦理研究都考察了个人、情境和组织层面的因素对四个阶段中的一个或多个的影响[7]。因此，组织伦理行为领域的许多早期工作（或明或暗）都假设个人的伦理决策以这种高度审慎、循序渐进的方式进行[1]。

近年来，随着道德心理学的发展趋势，行为伦理学研究提出了这样的观点：伦理决策并不总是理性的和深思熟虑的，也可以是情感的、直觉的和冲动的。道德心理学家乔纳森·海特（Jonathan Haidt）被普遍认为是对传统的理性方法提出了最重大挑战的人[8]。他认为，人们会在情绪上自动地对涉及伦理的情况做出反应（如厌恶或其他情绪），并形成对与错的即时判断，然后进行合理化。这项工作促进了行为伦理学研究中采用直觉方法的几个模型的发展。例如，Reynolds[9]提出了伦理决策的神经认知模型（neurocognitive model of ethical decision making），认为伦理决策既包括有意识的、深思熟虑的过程,也包括基于认知原型(cognitive prototypes)的更自动的模式-匹配方法(pattern-matching approach)。他认为,人们要么先行为,然后合理化,要么先做出积极的道德判断,然后行为。几乎在同一时间,Sonenshein[10]提出了意义建构直觉模型(sensemaking intuition model),该模型认为问题本身并不是伦理或非伦理的,而是组织成员通过意义建构过程,以应对模棱两可和不确定的环境。然后,个体对这些道德问题做出快速的直觉判断。最后,个体向他人证明这些判断是正确的。

随着研究的不断深入,近年来出现了一些文献综述,包括一些定性评论和元分析[1,7,11-13]。特别是元分析综述代表了一个重大进展,表明人们已经进行了足够的研究,以便研究者进行这种统计综述,因为读者可以在这些综述中找到深入的和历史性的回顾。本书的研究重点是过去五到十年内发表的论文。但本书也并非详尽无遗,我们主要强调与伦理相关的组织政策(延展性目标、企业社会责任、社会责任型人力资源管理)、领导行为(公仆型领导、谦卑型领导、辱虐型领导)等方面的相关研究,讨论这些领域中重要的和模范的工作,探究企业如何改善组织伦理行为,以及探究那些看似有益的组织政策如何导致组织非伦理行为的产生,旨在对管理者如何合理有效地采取与伦理相关的组织政策,践行与伦理相关的领导行为方式提供一定启示或指导。在接下来的章节中,我们将详细讨论这些方面的代表性论文,并总结未来发展方向。

本章要点

- 组织伦理行为的概念与重要性
- 组织伦理行为研究的基础模型

本章参考文献

[1] TREVINO L K, WEAVER G R, REYNOLDS S J. Behavioral ethics in organizations: A review [J]. Journal of Management, 2006, 32(6): 951-990.

[2] XIN H. Banking crimes detected by China Banking Regulatory Commission cost 767.1 billion RMB, with 6828 employees involved in Year 2005[Z]. China Banking Regulatory Commission, 2006.

[3] TREVINO L K, DEN NIEUWENBOER N A, KISH-GEPHART J J. Ethical behavior in organizations[J]. Annual Review of Psychology, 2014(65): 635-660.

[4] TREVINO L K. Ethical decision making in organizations: A person-situation interactionist model [J]. Academy of Management Review, 1986, 11(3): 601-617.

[5] KOHLBERG L. Stage and sequence: The cognitive-developmental approach to socialization[J]. Handbook of Socialization Theory and Research, 1969(347): 480.

[6] REST J R. Moral development: Advances in research and theory [M]. New York: Praeger, 1986.

[7] O'FALLON M J, BUTTERFIELD K D. A review of the empirical ethical decision-making literature: 1996—2003[J]. Journal of Business Ethics, 2005, 59(4): 375-413.

[8] HAIDT J. The emotional dog and its rational tail: A social intuitionist approach to moral judgment [J]. Psychological Review, 2001, 108(4): 814-834.

[9] REYNOLDS S J. A neurocognitive model of the ethical decision making process: Implications for study and practice[J]. Journal of

Applied Psychology, 2006, 91(4): 737 - 748.

[10] SONENSHEIN S. The role of construction, intuition, and justification in responding to ethical issues at work: The sensemaking intuition model[J]. Academy of Management Review, 2007, 32 (4): 1022 - 1040.

[11] KISH - GEPHART J J, HARRISON D A, TREVINO L K. Bad apples, bad cases, and bad barrels: Meta-analytic evidence about sources of unethical decisions at work[J]. Journal of Applied Psychology, 2010, 95(1): 1 - 31.

[12] MOORE C, GINO F. Approach, ability, aftermath: A psychological process framework of unethical behavior at work[J]. Academy of Management Annals, 2015, 9(1): 235 - 289.

[13] DE CREMER D, MOORE C. Toward a better understanding of behavioral ethics in the workplace[J]. Annual Review of Organizational Psychology and Organizational Behavior, 2020(7): 369 - 393.

第二部分

组织政策与伦理行为

第2章 组织目标与伦理行为

目标在组织中无处不在。众多研究表明,高目标可以提高绩效,因此,学者和组织机构会以积极的态度看待目标。事实上,目标设置理论一直被称为组织行为领域中最重要的理论。然而,近年来,媒体已经揭露了大量的企业丑闻,在这些丑闻中,对高目标的承诺导致员工行为不道德。因此,了解组织目标与员工不道德行为的关系变得越来越重要。本章聚焦于组织目标与员工伦理行为这一研究主题,从延展性目标这一极端目标类型和传统目标设置两方面展开论述。

2.1 组织延展性目标的相关研究

近年来,企业面临着愈加激烈的竞争环境,为了寻求长期的生存和发展,许多组织越来越强调激发创造力和创新,并开始寻找能够获得高绩效和创造性解决问题的具体方式。这不仅需要不断地开发现有的、已知的资源和能力,同时需要探索新的、未知的可能性。然而,尽管“探索”对于组织的学习、改变和生存至关重要,但是在当前的过程和路径之外,打破僵化、寻求新的方式是十分困难的。在组织的众多尝试中,组织延展性目标(stretch goals)能够通过增强动机、学习和创新而增强绩效,因而得到了广泛应用[1]。

以往研究把延展性目标定义为达成的客观可能性未知,且考虑到组织当前的实践、技能、资源和知识似乎是不可能完成的组织目标[1]。Sitkin等人强调了延展性目标不同于一般困难目标的两个特征:第一,极端困难性,考虑到当前的情境特征和资源,这使得目标看起来不可能实现;第二,极端新颖性,即考虑到当前的能力(实践、技能和知识),没有已知的途径来实现该目标。尽管这两个维度相互关联,但是极端困难性和极端新颖性强调了延展性目标的不同方面,分别是特定的结果和实现的方式[1]。

最初,大量研究关注组织延展性目标的有利影响。相关研究表明,组织延展性目标由于其极端性,能够打破常规的思考方式,并促进新的思维和行为方式,促进员工挑战那些看来不可能完成的事情,从而激发创造力和创新,增强绩效。延展性目标也可以把员工的注意力转向新的未来,激发活力、努力和毅力,促使员工采取实验、创新等方法寻找能够完成目标的新方式。同时,延展性目标可以通过引发乐观主义、紧迫性、热心和好奇等积极反应,从而激发学习的主动性。但是,任何事物都有两面性,组织延展性目标在实践中也遇到了不符合预期的结果。因而,组织延展性目标是否会产生不利影响这一问题也引起了理论和实践的关注。随着对延展性目标研究的深入,越来越多的研究也逐渐开始关注组织延展性目标的不利影响,包括不道德行为、关系冲突、情绪耗竭、工作家庭冲突等。接下来,本章将探讨组织延展性目标相关的四篇研究文章,详细介绍组织目标与伦理行为的关系。

2.1.1 组织延展性目标与不道德行为

1. 研究内容

Zhang 等的研究探索了延展性目标的负面影响:不道德行为和关系冲突[2]。不道德行为被定义为在道德上不被更大的社区所接受的行为[3],它是一种"从头开始"的认知驱动行为,也是一种工具性推断,即从特定情况下他人行为的信息中做出的推断。Jones 的研究中的不道德行为包括拖延、撒谎、偷窃、隐瞒真相、伤害手无寸铁的人等[3]。以往一些研究表明,为员工设定困难和具体的绩效目标可能会产生意想不到的后果,但只有少数论文表明目标设定与不道德行为之间存在联系[4-5]。相反，关系冲突被定义为与个性差异或与工作无关的事情有关的人际冲突[6]，它指的是发自内心的情感驱动行为，也是一种破坏行为，阻碍了员工之间的情感纽带的建立。已有研究表明，延展性目标的极端新颖性和极端困难性会直接影响员工之间的合作[1]，但几乎没有证据表明延展性目标和关系冲突之间有直接关系。因此，Zhang 等[2]的研究基于社会交换理论和不确定性管理理论解释了延展性目标对不道德行为和关系冲突的破坏性影响。

Sitkin 等认为，使用普通手段来实现延展性目标的员工很容易受到使用非常规手段的诱惑，比如伪造记录[1]。然而，很少有实证研究涉及以下问题：如果延展性目标会在员工中造成不道德行为和关系冲突，那么除了降低标准和创建更容易的目标之外，公司如何减少这种破坏性影响？回答这样一个重要的问题，要考虑到公平氛围——团队视为一个整体的组织公平程度——是组织相关标准的重要预测因子。因此，Zhang 等[2]的研究关注了两种类型的公平氛围（信息公平和人际公平）是否减轻了延展性目标对不道德行为和关系冲突的破坏性影响。

1）延展性目标与不道德行为

一旦目标变得难以实现，负责实现目标的员工可能会认为组织在利用他们。因此，员工为了组织的最大利益而工作的倾向也会减少，他们的行为甚至可能损害组织。从社会交换理论的角度来看，团队成员觉得组织不关心他们的痛苦，不设身处地为他们着想。在这种情况下，团队成员往往会与他人形成一种协商交换，而不是互惠交换。

在协商交换中，参与者关注的是他们可能从参与交换中获得的切实利益。在延展性目标的背景下，团队成员会不遗余力地实现目标，他们只专注于完成与工作相关的任务。比起实现手段，他们更看重目的。因此，他们不惜牺牲企业的长远发展和可持续性，也要寻找捷径。团队成员没有时间考虑与实现目标任务无关的问题。他们不愿意更全面地思考，也不愿意更多地关注自己行为的潜在长期后果。这种狭隘的观点削弱了道德行为的一个重要元素——道德认知，即个体对传入信息的道德性进行分类[3]，这会导致不道德行为的增加。

延展性目标的另一个维度是极端新颖。如果没有实现目标的已知路径，这通常意味着不确定性的增加。也就是说，因为之前没有人达到过目标，所以团队成员不知道水有多深。如果他们不能完成任务和实现目标，他们不知道会有什么后果，他们可能会面临被解雇、斥责或者降级。根据不确定性管理理论，员工在面对这种不确定性时，往往会表现出冒险行为[7]。尽管他们知道冒险行为未来可能会给组织带来问题，但许多人会找到方法来证明这种行为是合理的。因此，从社会交换理论和不确定性管理理论的角度，该研究提出延展性目标会促进团队中的不道德行为。

2)延展性目标与关系冲突

众多学者认识到，目标设置将努力和注意力引向目标相关的活动，而不是无关的活动。但是，延展性目标是指企业目前的能力无法实现的目标。因此，执行与实现延展性目标有关的行动可能会打破过去的常规。延展性目标需要每个人付出更多努力，有时甚至会导致员工只专注于与目标相关的活动，没有时间和精力去关心同事、帮助他人或对他人表示同情。一旦目标难以实现，团队成员倾向于与其他参与者形成协商交换，在此过程中，参与者忽视了参与更多交换的社会回报。因此，员工在做决定时不太愿意表达自己的意见、表现出尊重或站在其他员工的立场上考虑问题。在极端情况下，他们可能会口头攻击其他员工。

此外，达到延展性目标的极端新颖性和极端困难性会直接损害合作。以往学者的观点指出，与试图达到一个延展性目标相关的行动和结果的故事的多样性，可能会损害具有不同目的、专长和利益的子单元之间的协调。基于这些观点，Wright 等[8]发现，当一个目标的难度超过一定程度时，员工之间的帮助就会减少。此外，延展性目标的极端可能会降低员工的满意度和士气，因为达到目标的尝试可能会涉及一个或多个失败[1]。因此，从社会交换理论的角度，当受到一个延展性目标的约束时，员工在被管理中会不可避免地出现紧张，更有可能做出破坏性的行为，而不是建设性的行为。反过来，当管理者实施延展性目标时，紧张和摩擦的增加会削弱员工关系。

此外，Barnett 等[9]指出，延展性目标可以引发负面的情感反应，往往伴随着变化。以往研究也提出，看似不可能的目标会使这些消极情感反应具有传染性，集体恐惧、无助和丧失动力的感觉会阻碍尝试新方法的意愿。在这种情况下，延展性目标会产生显著的效果，使成功的动机相形见绌。当团队成员陷入这种消极情绪时，关系冲突可能会增加。因此，从社会交换理论和不确定性管理理论的角度，该研究提出延展性目标会促进团队中的关系冲突。

3)公平氛围的调节作用

不确定性管理理论假设，个人使用有关组织公平的各方面信息作为在社会不确定情况下使用的启发式装置。因此，通过整合公平理论和不确定性管理理论，与延展性目标相关的不确定性应该大大降低。在高度公平的环境中，团队成员不太可能表现出道德风险行为，因为他们不太担心组织未能实现目标的后果。事实上，较低水平的担忧可能会提高团队成员对组织目标的认同，甚至是看起来不可能的目标，以及他们在工作中表现出合作态度的动机。

此外，通过整合公平理论和社会交换理论，Zhang 等[2]的研究认为，当团队成员在日常生活中感知到组织将他们公平对待时，他们对组织的忠诚度更高，更不可能做坏事。这种感知可能会减少员工对被剥削的恐惧，从而促使他们考虑自己选择的长期影响，而不是走捷径——也就是说，他们明白手段和目的一样重要。通过建立这种互惠交换的关系，而不是前述的协商交换关系，行动者不再忽视社会回报，并开始相互沟通和帮助，从而显著减少关系冲突。

(1)信息公平氛围与人际公平氛围。组织公平研究表明，人们对公平的判断包含三种:分配公平,即对结果的感知公平;程序公平,即用于产生结果的程序;互动公平,即个人对待彼此的人际敏感性的程度。Greenberg[10]提出,互动公平有两个维度:人际公平(基于尊严、尊重和规范)和信息公平(基于正当性、真实性和对决策提供充分解释)。许多研究人员也支持将互动公平分为人际公平和信息公平两个维度。

传统上,组织公平的概念是一种个体层面的现象。现有研究发现,组织公平可能会对员工行为产生相当大的影响,无疑包括道德/不道德行为。近年来,这种情况发生了变化,因为许多研究将公平探索为一个集体或群体层面的概念,它是组织相关标准的重要预测器,如团队层面的离职、客户满意度、团队层面的倦怠、群体层面的帮助性和群体绩效。鉴于公平氛围在延展性目标和不道德行为之间的关系中起到缓和作用,Greenberg[10]的研究预测信息公平氛围和人际正义氛围对这一关系也有缓和作用。

(2)信息公平氛围的缓和作用。信息公平指的是员工对某些程序或结果的解释的看法[10]。信息公平能够减轻与延展性目标相关的不道德行为,因为员工理解组织制定极端激进、新颖的目标这一看似不合理的决定的基本原理。因此,为了创造信息公平,管理者应该对延展性目标提供详细的解释。解释应包括既承认威胁又承认潜在机会的具体原因和解释。继而,这将大大减少不道德的行为。此外,信息公平向员工传递了一个强烈的信号,即组织足够尊重员工,为具体决策提供充分的解释。这能够(通过员工的同理心)减少员工在面对一个难以实现的目标时跨越道德底线的诱惑。

此外,信息公平还可以减少由延展性目标产生的不确定性所引起的负面情绪反应和负面情绪传染,关系冲突会相应减少。信息公平氛围代表了一个公平的环境,应该减轻员工在面对一个延展性目标时的紧张感。因此,尽管延展性目标在导致工作单位的不道德行为和加剧关系冲突方面发挥着非常重要的作用,但 Greenberg[10]的研究提出,感知到的信息公平氛围的存在减轻了延展性目标的这些破坏性影响。

(3)人际公平氛围的缓和作用。过高的目标会让整个组织充满愤怒、焦虑、沮丧等情绪[1]，这些都会导致关系冲突。人际公平是指执行程序或决定结果的当局或各方对员工的尊重程度。人际公平可以缓解与延展性目标相关的关系冲突，因为它表示对面临延展性目标的员工的支持，从而缓解消极情绪反应。因此，该研究提出，与信息公平氛围的情况一样，人际公平氛围缓和了延展性目标和关系冲突的关系。

此外，研究指出，人际公平可以减轻面对延伸目标时的“只要达到目的可以不择手段”的不道德行为形式。例如，感知到的人际公平能够加强组织公民行为，减少离开组织的意图。因此，人际公平有助于在组织和员工之间形成建设性的联系，从而减少不道德行为的可能性。综上所述，尽管延展性目标在工作单位中导致不道德行为和加剧关系冲突方面发挥着非常重要的作用，但 Greenberg[10] 的研究指出，感知到的人际公平氛围有助于缓解这些破坏性影响。

2. 研究结果与意义

1)研究结果

2011 年 3 月到 5 月，Zhang 等[2]的研究从中国西北地区的 6 家银行 189 个部门招募了参与者，并进行了问卷调查。问卷由每个部门的 3 个员工和 1 个主管填写。最后收到了来自 128 个部门的回复，回复率为 67.72%。先前研究表明，3 个员工回复应足够聚合至部门层面。据此，Zhang 等[2]的研究只留下了有 3 个员工被调查者的部门，总共有 117 个部门拥有可用的员工数据。Zhang 等[2]的研究还收集了 132 个部门经理的数据，且员工和经理的回答是匹配的。最终，Zhang 等[2]的研究收到了 117 个部门(包括 351 名员工和 117 名主管)的匹配数据。数据分析的结果表明，延展性目标会导致不道德行为和关系冲突。当员工感知到他们的工作单位有一个强大的信息公平氛围，延展性目标与不道德行为的关系会减弱。当员工感知到他们的工作单位存在强烈的人际公平氛围时，延展性目标与关系冲突的关系会减弱。这些发现表明，延展性目标不一定会导致不道德的行为和关系冲突。相反，互动公平似乎在建立对延展性目标的反应方面起着关键作用。因此，这些结果通过展示组织公平的重要性，扩展了关于延展性目标的文献。

2)理论意义

第一，Zhang 等[2]的研究加深了学者们对延展性目标是否以及为什么会引发不道德行为和关系冲突的理解。从社会交换理论和不确定性管理理论的角度出发，该研究提出，延展性目标——极端新颖和极端困难的目标会导致认知驱动的行为(不道德的行为)和情感驱动的行为(关系冲突)。

第二，Zhang 等[2]的研究扩展了如何减轻延展性目标对不道德行为和关系冲突的破坏性影响的认识。从公平理论的角度出发，该研究发现管理者不能想当然地认识延展性目标的破坏性作用，对不道德行为的破坏性影响取决于感知到的信息公平氛围，而对关系冲突的破坏性影响取决于感知到的人际公平氛围。

第三，Zhang 等[2]的研究填补了当前研究空白。目前还没有一篇实证研究论文关注延展性目标的破坏性影响或缓解这种影响的方法。该研究调查了中国银行业的员工，这是一个从事道德复杂行为的独特人群目标。由于中国银行业组织渎职率高，这个样本为研究延展性目标的破坏性影响提供了一个很好的起点。该研究之所以关注团队层面的结果，是因为接触到有关适当行为规范的类似环境线索的群体成员往往会以一种相当同质的方式行事。总之，通过探索延展性目标的重要性如何重要，以及在哪些条件下它们更重要或更不重要，该研究提出了一种全面的方法来理解延展性目标的破坏性影响。

3)实践意义

了解一个过度的目标是否会引发不道德的行为和关系冲突，并知道如何减少这种破坏性影响，将有助于管理者更有效地管理员工。在中国这样的转型经济体中，许多企业丑闻被揭露出来，这使得学者们能够找到有效的方法来减少不道德行为，防止其导致更严重的违规行为甚至更严重的犯罪。

Zhang 等[2]的研究结果表明，延展性目标鼓励建设性的努力，但却会引发不道德行为。因此，那些试图使用延展性目标的管理者应该极其谨慎地采用它们。延展性目标是一把双刃剑，它可能在某些特定情况下促进积极行为，但它更可能引发不道德行为和关系冲突。因此，管理者应该考虑设计和实施不易达到但仍可达到的延展性目标，这可能会减少不道德行为和关系冲突发生的可能性。

此外，即使管理者不可能或很难设计和实施那些困难但仍可达到的不那么极端的目标，信息公平氛围和人际公平氛围仍然可以减轻其破坏性影响。具体来说，如果管理者更多地关注员工的不道德行为并解释他们的决策，员工可能会认为存在很强的信息公平和人际公平，这可以有效地削弱延展性目标的破坏性作用。因此，该研究为管理人员提供了实用的方法，以帮助他们从组织公平的角度控制延展性目标的影响。

4）未来研究展望

首先，尽管 Zhang 等[2]的研究试图将延展性目标与其随后的消极结果（不道德行为和关系冲突）联系起来，但该研究实际上并没有检验任何中介变量。未来的研究必须认识到延展性目标产生破坏性影响的潜在机制的重要性，并在不久的将来解决这一问题。

其次，Zhang 等[2]的研究着重分析了两种公平氛围——信息公平和人际公平的缓解作用。然而，随着越来越多的组织公平模型的出现，有必要对整体公平构念和其与延展性目标之间的关系以及延展性目标的消极结果（不道德行为和关系冲突）进行更多的研究。

再次，Zhang 等[2]的研究的实证结果显示，信息公平和人际公平在缓解延展性目标对不道德行为和关系冲突的破坏性影响方面完全不同。然而，为什么它们的作用方式如此不同呢？可能的解释是什么？未来的研究需要进一步探索。

最后,Zhang 等[2]的研究只关注延展性目标的负面结果。然而,根据以往的研究,延展性目标和积极结果之间可能存在积极的关系,如创造力、新的思维和行为方式。重要的是,学者在未来的研究中,可以通过考虑更多的积极结果,丰富延展性目标的潜在因变量。

2.1.2 组织延展性目标与员工情绪耗竭

尽管以往研究从不同角度探索了组织延展性目标产生的积极和消极影响,但是极少有实证研究从压力和情绪的角度,关注组织延展性目标可能产生的不良影响。而事实上,由于延展性目标的极端困难性和新颖性[1],似乎是极有可能产生压力的。因为对于员工而言,当目标过于困难,员工缺乏完成目标所需的知识和技能时,该目标可能会被员工视为一种威胁,从而产生压力。而且追求不可能完成的目标,也有可能会产生害怕、无助和消极怠工等消极情感[1]。因此,陈畅等[11]从压力与情绪的角度研究组织延展性目标可能产生的另一种不利后果——情绪耗竭(emotional exhaustion)。员工情绪耗竭是过度使用心理和情绪资源后产生的疲劳状态,包括身体疲劳和心理与情感上耗尽的感觉,是对工作场所的压力源的一种典型压力反应[12]。情绪耗竭对组织和员工会进一步产生许多不良影响,如导致员工自尊受损、沮丧、紧张和脾气暴躁,降低员工绩效,增加员工的离职倾向等。因此,该研究不仅关注组织延展性目标对员工情绪耗竭的影响机制,同时也关注如何能够降低延展性目标引起的情绪耗竭。

为此目的,陈畅等[11]的研究基于压力交易理论(transactional theory of stress)[13],构建了阻碍型评估和挑战型评估作为中介变量的理论模型,并关注员工的换位思考水平对于评估过程的调节作用。换位思考(perspective taking)是指从他人的角度理解他人的视角、思想、动机、意图或情感的认知过程,并且换位思考可以通过回忆、信息处理和认知复杂性来改变人们的思考方式[14]。压力交易理论认为员工对于压力源的评估过程不仅是对客观压力的评价,还包括个体根据自身意义建构而对客观压力形成的重要性与否的判定[15]，这是个体从自身角度出发进行的认知过程，而换位思考则是站在他人的角度所进行的认知过程。因而，陈畅等[11]的研究认为高换位思考水平的员工可能会有不同的思考方式，且更容易得到同事与上级的支持，从而影响员工对组织延展性目标的评估。下面将介绍陈畅等[11]的研究的具体内容。

1. 研究内容

1)延展性目标与情绪耗竭

Lazarus 等提出的压力交易理论[16]（又称认知一行为理论）认为压力是个体和环境相互作用的结果。首先，个体要认为其所面临的工作需求或环境对个体有重要意义——影响他们成长、发展和幸福感，即工作需求是否为压力源基于个体的主观感知。其次，只有当个体作出工作需求比较繁重或者超过个体的资源的评价时，压力才会产生。根据压力交易理论，陈畅等[11]的研究认为，组织的延展性目标可被员工视为一种压力源。

首先，组织延展性目标于员工而言具有重要意义。其一，组织延展性目标的目的之一是提高组织绩效，这对员工提出了具体且高难度的工作要求。其二，组织延展性目标也是为了促进个人成长和专业发展。同时，组织延展性目标会影响个体的幸福感，如影响自我效能感，降低对结果的满意度，等等。可见，组织延展性目标与员工息息相关。

其次，组织的延展性目标超出员工和组织当前的资源和能力。组织的延展性目标是指那些完成的可能性未知，且就当前的资源和能力来看似乎是不能达成的组织目标[1]。其一，延展性目标是极端困难的，即考虑到当前的环境特征和资源状况，延展性目标看起来似乎是不可能完成的[1]，那么一个潜在的问题就是目标可能由于太具挑战性而不能达成，员工有很大失败的可能性。其二，组织的延展性目标是非常新颖的，即基于当前的能力没有已知的能够达成此目标的方法[1]，这要求员工必须付出极大的努力去寻找或创造出能够解决问题的新方式。总之，客观上，组织的延展性目标确实超出了员工当前的实践、技能和知识。

综上，组织延展性目标的目的和特征符合压力交易理论中提出的压力产生的条件，有可能被员工评估为一种压力源。员工的情绪耗竭是对工作场所的压力源的一种典型反应，已有研究已经验证了各种典型压力源与员工情绪耗竭之间呈现正相关关系，包括工作负荷、人际冲突、角色冲突、角色模糊、工作不安全感等。在压力交易理论的基础上，学者们进一步将压力源分为阻碍型压力源和挑战型压力源[17]，并根据此框架相关研究提出，阻碍型压力源和挑战型压力源都会产生压力和倦怠。因此，组织延展性目标作为一种压力源，极有可能引发员工的情绪耗竭。根据压力交易理论，个体与环境的互动共同决定了员工的评估和应对策略的选择，从而产生不同的结果。具体而言，组织为员工设定了延展性目标，即是要求员工在组织资源不足，自身知识、能力等缺乏的情况下，完成几乎不可能达到的目标。且考虑到目标对于员工的重要性，员工必须去应对这样的工作要求，为此员工需要连续不断地付出精神、身体和情绪努力，这消耗了员工的资源并具有很大的心理成本。同时由于延展性目标的“几乎不可能完成”的特征，员工消耗的资源不一定能够得到补偿，这会让员工产生即将损失资源的威胁感。而且，员工在努力完成目标的过程中极可能面临失败，继而引发负面情绪，长期处于这样的工作环境，员工为了应对威胁和负面情绪，需要不断消耗自身的情绪资源，从而产生情绪耗竭。

2）阻碍型评估与挑战型评估的中介作用

基于压力交易理论，陈畅等[11]的研究进一步探索了组织延展性目标影响员工耗竭的中介机制。压力交易理论将压力的产生过程分为两部分：认知评估（cognitive appraisal）和应对（coping）。认知评估又分为两种：一是初级评估，是指员工评估工作需求是否会影响其幸福感，或者是否会对其造成有害或有利影响。在初级评估阶段，员工根据自身对工作需求的主观解释[16]，评估某个情境是否会影响其自身的幸福感，如果影响，又是以怎样的形式，即是阻碍型评估还是挑战型评估。挑战型评估是指员工认为工作需求有利于其自身的利益、成长、发展或幸福感；阻碍型评估则指员工认为当前的工作需求会带来自身利益损失、限制或损害[18]。二是次级评估，是指员工评估自己能否通过一些行为来改善当前个体与环境的关系，如果可以改变，哪种应对方式可以起到作用。次级评估是对初级评估至关重要的补充，因为损害、威胁、挑战和受益同样取决于我们认为自己可以在多大程度上对结果施以控制。应对是指个体为处理被评估为繁重或超出个体当前资源的特定工作需求，努力地不断改变认知和行为[16]。应对有两种公认的主要职能：调节紧张的情绪，降低或处理由情境所造成的情绪上的压力（情绪焦点应对）；改变引起消极影响的个体与环境的关系，解决问题并改变产生压力的来源（问题焦点应对）。

压力交易理论及其后续研究表明，挑战型评估与阻碍型评估未必是互相排斥的，即个体对同一种压力源既可以做出挑战型评估，也可以做出阻碍型评估[19]。基于此，陈畅等[11]的研究进一步提出，组织延展性目标既可以被员工评估为挑战，也可以被评估为阻碍。具体而言，一方面，组织延展性目标对于员工而言具有重要意义，目标的完成可以使得员工产生成就感，同时也会给员工带来赞誉、升职、提薪和奖金等一系列收获，从而促进个体的成长和发展。从这个角度来看，延展性目标可能会被个体评估为挑战。另一方面，组织延展性目标所产生的工作需求超过个体当前的资源，目标能够达成的可能性未知，且当前也没有已知的方法能够去完成目标。即员工在面对组织的延展性目标时，组织和自身所拥有的资源和能力是不足以完成工作需求的。因此，员工为了完成组织的延展性目标，需要付出很多的时间和精力，但辛苦付出却未必能得到回报，反而会面临很大可能性的失败，增加了员工的心理成本[4]。阻碍型评估通常在员工很难确定时间和精力的投入是否会带来回报时产生[18]。因此，组织延展性目标也可以被员工视为阻碍。综上，组织延展性目标既可以被员工视为挑战，也可以被视为阻碍。

挑战型评估和阻碍型评估会产生不同的结果。压力交易理论与相关研究表明，挑战型评估能够促进员工对于潜在的达成目标和高成就感的期望，因此一般会使员工产生有利的情绪、态度和行为结果，而阻碍型评估则基于潜在的失败和伤害，通常会对员工产生不利影响。基于此，陈畅等[11]的研究认为挑战型评估会减少员工的情绪耗竭，而阻碍型评估会增加员工的情绪耗竭。具体而言，已有研究表明，阻碍型评估能够正向影响情绪耗竭。阻碍型评估通常伴随着负面情感，如恐惧、焦虑和气愤等[16]，高频的情绪展示和各种负面情绪的产生，会引发心理压力，尤其是导致员工的情绪耗竭。且根据评估的结果，员工会进一步评估和选择应对策略。当员工对工作需求做出阻碍型评估，即认为当前的工作需求会带来自身利益损失、限制或损害时，员工通常可能采取情绪焦点的应对策略，如逃避、脱离行为等，然而过分强调逃避或退缩的应对策略也可能引起员工情绪耗竭。相反，挑战型评估通常伴随着积极的情感体验，如渴望、激动和兴奋等，从而减少员工情绪耗竭的产生。且当员工对工作需求做出挑战型评估时，即认为该工作需求会给自身带来利益，有利于自身发展，并且资源的投入能够得到回报。那么对于员工来讲，自身有能力和意愿通过努力达成工作需求，改变压力情境，从而采取问题焦点的应对策略积极应对。积极的应对策略与完成工作需求是一致的，减少了个体的矛盾和压力，从而减少员工的情绪耗竭的发生。

综上所述，陈畅等[11]的研究提出，员工会同时对组织延展性目标做出阻碍型评估和挑战型评估，而阻碍型评估会引发员工的情绪耗竭，挑战型评估则会减少情绪耗竭的产生，即延展性目标会通过阻碍型评估正向影响员工情绪耗竭，同时也会通过挑战型评估负面影响员工情绪耗竭。

3）换位思考的调节作用

陈畅等[11]的研究进一步提出了换位思考能力，即不同的员工会有不同的思考方式，从而对工作场所中的压力来源有不同的认知评估。

Atkins 等指出，换位思考是个体试图以非主观的方式去理解他人的思想、动机、情感，以及他人为什么会产生这种思想或情感的认知过程[20]。员工的换位思考可以调节组织延展性目标与员工的压力评估之间的关系，相比于换位思考水平较低的员工而言，换位思考水平较高的员工更有可能对组织延展性目标做出挑战型评估，减少阻碍型评估。根据压力交易理论，个体通过分析工作需求与个人资源是否能够应对该工作需求，从而做出评估。因此，陈畅等[11]的研究从个体面对客观工作需求时的思考方式与个体资源两方面阐述换位思考的调节作用。

首先，换位思考水平较高的个体可以从他人的视角看待问题，这可以使个体跳出自身的常规思维惯例和默认信息处理过程，通过回忆、信息处理和认知复杂性来改变原本的思考方式，进行更积极的信息处理，从而影响个体的认知过程[14]。因此，换位思考水平较高的员工可以改变惯有的评价方式，站在他人（如同事、上级、组织等）的角度去思考问题，不再仅仅关注自身的利益去评价当前个体与环境的关系，因此评估结果可能会有所变化。具体而言，组织延展性目标的达成会给组织带来方方面面的利益。高换位思考水平的员工能够站在他人的角度看待问题，想象他人的感受，可以产生同理心，进而引发利他动机，从而减少对自身资源损耗的关注，因此会减少对延展性目标的阻碍型评估，增加挑战型评估。

其次，换位思考可以通过亲近行为、合作和帮助等方式促进人际关系[14]，好的人际关系使得员工更容易获取同事与上级的支持和帮助，从而获得更多的资源去完成工作需求。因此，高换位思考水平的员工在面对组织延展性目标这样的工作需求时，可以从同事和上级那里获取更多的帮助，从而丰富了自身资源，因此可以减少对延展性目标做出阻碍型评估，增加挑战型评估。

2. 研究结果与意义

1）研究结果

陈畅等[11]的研究采取问卷调查的方法，对中国西部两所高校的

MBA学生进行问卷调查。同时,陈畅等在现场指导MBA学生完成问卷填写且当场回收,并强调对数据的保密,尽最大的努力保证数据的准确和真实。此外,为了避免同源性样本偏差,陈畅等[11]的研究将自变量和因变量进行了分时间段调研,中间间隔两周。即在T1时间段发放自变量和中介变量的问卷,在T2时间段进行因变量的问卷发放,T1与T2间隔两周。该调查共发放问卷150份,去掉填写不完全和明显不符合要求的问卷,最终得到109份有效问卷,问卷有效率为72.67%。

陈畅等[11]的研究运用路径分析和层次回归分析的方法对理论模型进行验证,结果表明,组织延展性目标对员工情绪耗竭有显著的正向影响,同时组织延展性目标还会通过阻碍型评估间接对情绪耗竭产生正向影响。换位思考负向调节了组织延展性目标与阻碍型评估与挑战型评估之间的关系,即换位思考水平较高的员工,会减少对组织延展性目标做出阻碍型评估,增加挑战型评估。上述发现符合压力交易理论的相关研究结论[16],即个体对工作需求的评估过程,是根据自身意义建构而对客观压力形成的重要性判定。

然而,结果也表明,组织延展性目标与挑战型评估之间不存在显著关系。对此,陈畅等[11]的研究认为这样的结果也符合压力交易理论的相关研究。不考虑个体差异,学者们把工作需求分成两大类,阻碍型压力源和挑战型压力源[17]。并且挑战型的工作需求通常会被员工评估为挑战,而阻碍型的工作需求通常被评估为阻碍。但某些工作需求在不同程度上,既可以被评估为挑战,也可以被评估为阻碍[21]。所以,对于员工来讲,组织延展性目标可能更接近于一种阻碍型压力源,因而通常被员工评估为阻碍。虽然在不考虑个体差异的情况下,组织延展性目标通常不会被员工评估为挑战。但是数据分析结果显示,换位思考与组织延展性目标的交互项对挑战型评估有显著的正向影响,即员工若具有较高的换位思考水平,则会对组织延展性目标做出挑战型评估。这样的结果符合压力交易理论对个体评估过程主观性的强调,即员工对压力源的评估可以随着自身认知过程的改变而发生变化。

2)理论意义

首先,陈畅等[11]的研究从压力和情绪的角度探索了组织延展性目标的负面影响。以往对于组织延展性目标负面影响的实证研究还是较少,该研究从组织延展性目标的极端困难性和新颖性的特点出发,从压力和情绪的视角,解释并验证了组织延展性目标对于员工情绪耗竭的影响,丰富了组织延展性目标负面影响的研究。同时,该研究基于压力交易理论,构建了阻碍型评估的中介模型,即延展性目标会引起员工的阻碍型评估,从而增加员工的情绪耗竭,这进一步揭示了组织延展性目标对于员工情绪耗竭的影响机制。其次,陈畅等[11]的研究发现了换位思考在组织延展性目标与员工初级评估之间关系的调节作用。以往研究发现,组织延展性目标只有在一些前提下才能发挥出其积极作用,在此基础上,该研究结果进一步丰富了能够影响组织延展性目标结果产生的调节变量。

3)实践意义

首先,陈畅等[11]的研究表明组织延展性目标会引起员工情绪耗竭,并且这一过程受到员工的阻碍型评估的中介作用。因而企业在实践中,应该谨慎使用组织延展性目标,不能盲目追求目标的难度和新颖程度,过犹不及。并且在目标实施后,企业应关注员工对此的反应,向员工强调延展性目标对组织和员工带来的长远利益,积极引导员工产生“压力增强心态”,并在员工的工作中提供资源和能力支持,减少员工的阻碍型评估。其次,陈畅等[11]的研究发现员工通过换位思考,能够改变原来的初级评估,更多地看到组织延展性目标的积极方面。所以,对于员工而言,在面临高难度的工作需求时,不妨进行换位思考,重新评价工作需求对自身的影响,或许能够改变心态,减少情绪耗竭的产生,有利于身心健康和激发工作热情。

4)未来研究展望

陈畅等[11]的研究的结果符合压力交易理论的相关结论,同时也给未来的研究带来了一些启示。虽然学者已经对压力源和初级评估进行了分类，并探讨了各自之间的联系。但该研究结果表明，在某些情境下，即使面临的是阻碍型压力源，员工也有可能做出挑战型评估。因此，未来研究可以进一步关注员工对压力源的评估过程，尤其是交叉评估过程（如对阻碍型压力源做出挑战型评估），并探索影响员工评估过程的其他因素。

2.1.3 组织延展性目标与工作家庭冲突

通用电气公司的前总裁 Steve Kerr 指出，延展性目标可能具有破坏性，因为员工可能不得不在周六和周日的晚上工作来实现延展性目标[22]。这意味着延展性目标可能占用员工的非工作时间，从而可能对其家庭产生破坏性影响，如工作家庭冲突。工作家庭冲突是指工作角色和家庭角色在某些方面互不相容的一种角色间冲突[23]。随着工作和家庭领域之间的界限变得越来越模糊，在当代工作场所，工作家庭冲突成为一种常见的体验。因此，工作家庭冲突越来越受到学者的关注，许多研究表明，工作家庭冲突会降低员工绩效、工作和家庭满意度和幸福感，且会增加压力、倦怠、缺勤率和离职率。考虑到工作家庭冲突的这些重大负面影响，了解引发工作家庭冲突发生的因素是很重要的。因此，有必要研究延展性目标与工作家庭冲突之间的关系。

Chen 等[24]的研究关注这一关系，并基于资源保存理论，深入探索了其中的中介机制与边界条件。具体而言，基于资源保存理论，该研究探索了资源稀缺性在上述关系中的中介作用，即延伸性目标需要高资源投资，这可能会引发资源短缺，进而导致工作家庭冲突。此外，该研究还关注了个体悖论心态的调节作用。悖论心态指的是个体对紧张的接受程度和受紧张情绪激励的程度。研究指出，对于悖论心态高的员工而言，延展性目标会导致较少的资源稀缺性感知，从而引发较少的工作家庭冲突。下面将介绍 Chen 等[24]研究的具体内容。

1. 研究内容

1)延展性目标与工作家庭冲突

当投入在工作角色上的资源增加了参与家庭角色的难度时,可能会发生工作家庭冲突。根据延展性目标的定义,延展性目标要求员工在工作场所投入更多的资源,这导致他们在满足家庭角色要求方面的资源较少。因此,很可能会发生工作家庭冲突。具体来说,延展性目标意味着对员工极端或激进的期望和要求。当员工意识到他们的目标很极端时,他们必须花费额外的资源,包括时间、精力和注意力,来实现延展性目标。这意味着感知到的延伸目标会导致员工将额外的资源投入工作领域。因此,员工参与家庭角色的资源可能会减少,从而导致工作家庭冲突。

2)资源稀缺感知的中介作用

资源保存理论指出,个体有获取、保留和保护资源的动机[25]。当个体遭遇资源损失或资源缺乏时,他们会采取防御方式来节约现有资源,防范未来的损失[26]。也就是说,一个领域的资源缺乏会促使人们保护自己的资源,从而阻止他们将资源投资到其他领域。资源保存理论对于理解延展性目标如何导致工作家庭冲突尤其有用。具体来说,需要高资源投入的延展性目标可能会导致员工感知到资源稀缺,进而减少在家庭领域的资源投入,从而导致工作家庭冲突。

具体而言,延展性目标有两个独特的特点:一是极端困难,即从现有资源来看,该目标似乎不可能实现;二是极端新颖,这意味着在现有的能力下,实现目标的方式是未知的[1]。基于这些特点,Chen 等[24]的研究提出延展性目标需要员工投入大量的资源,从而使他们感知资源的稀缺性。首先,延展性目标的极端难度意味着对员工的期望极端或激进。因此,员工必须花费大量的资源来追求目标。然而,延展性目标的资源需求可能会超过员工现有的资源。换句话说,当员工感知到自己的目标极其困难时,他们往往会觉得自己没有足够的资源来满足延展性目标的极高要求。当对资源的需求大于员工所拥有的资源时，员工可能会感知到资源的稀缺性。其次，延展性目标的极端新颖性要求员工创造性地工作，打破旧的方式，发现新方法。这需要大量的时间、知识和财政资源的投入来探索、发展新的方式，以实现其新颖性。这意味着当员工感知到延展性目标的极端新颖性时，他们需要花费相当多的资源，这可能会超过他们目前的能力。因此，员工可能会感到资源稀缺。总之，考虑到延展性目标的特点，员工可能需要在一些超出他们现有资源的基础上进行投资。因此，员工可能会感知资源的稀缺性。

根据资源保存理论，Chen 等[24]的研究进一步假设员工感知资源稀缺可能导致工作家庭冲突。资源保存理论表明，当个体意识到自己的资源稀缺时，会采取保护性的方式来节约现有资源，减少未来资源的消耗[26]。因此，当员工感知到工作场所的资源稀缺时，为了保护自己现有的资源，他们可能不会将资源花在家庭领域，这导致他们没有足够的资源来满足家庭的需求。因此，工作家庭冲突很可能发生。此外，现有研究也表明，员工倾向于缩短家庭资源投入以满足工作要求。这意味着当员工在工作场所感到资源稀缺时，他们可能会占用家庭资源来满足工作需求。因此，他们可能没有足够的资源来满足家庭的需求，从而导致工作家庭冲突。

3)悖论心态的调节作用

悖论理论探讨了组织紧张的本质、方法和影响，紧张是指竞争元素，如相互矛盾的目标、需求和观点[27]。紧张的影响取决于员工或组织如何应对。通过借鉴悖论理论，Miron-Spektor 等[28]引入了悖论心态的概念，它指的是一个人接受紧张的程度，并受到紧张的激励的程度。它形成了个人如何理解和解释紧张。他们强调了悖论心态对于释放潜在的紧张关系至关重要。具有高度悖论心态的人可能会把紧张视为机会，接受它们，并寻求新的方法来管理它们。因此，他们可以从紧张局势中受益。

基于资源保存理论[26]，Chen 等[24]的研究认为资源稀缺感知导致员工没有足够的资源来满足家庭需求，从而导致工作家庭冲突。也就是说，资源稀缺感知加剧了工作和家庭需求之间的紧张关系。通过整合悖论理论和资源保存理论，Chen 等[24]的研究认为悖论心态可以通过缓解资源稀缺感知与工作家庭冲突之间的关系，从而有效地管理工作与家庭之间的紧张关系。

具有高度悖论心态的员工倾向于拥抱和接受紧张，这使得他们能够同时采用“兼容”策略，并随着时间的推移同时满足相反的需求[29]。例如，当员工考虑如何分配工作和家庭需求方面的资源时，他们将探索连接工作和家庭的方法，这使他们能够同时满足工作和家庭需求，并获得长期的平衡。因此，具有高度悖论心态的员工可以有效地管理由于资源稀缺而导致的工作与家庭之间的紧张关系。因此，资源稀缺与工作家庭冲突之间的关系减弱。此外，悖论心态高的员工可能会从紧张中获得能量[30]，这样他们就有更多的可用资源来应对资源稀缺，从而减少他们的工作家庭冲突。

相反，悖论心态较低的员工可能会将紧张视为困境，并试图缓解紧张引发的不适[28]。因此，他们可能会采取非此即彼的策略，在备选方案中进行选择。但是，这种替代方法是临时的，会消耗更多的资源。这样一来，员工就没有那么多资源来满足家人的需求，从长远来看，这也加剧了紧张关系。也就是说，当员工悖论心态较低时，无论是选择投入工作还是家庭，长期来看，工作与家庭之间的紧张关系都会加剧。因此，当员工悖论心态较低时，资源稀缺性与员工工作家庭冲突之间的关系较强。

2. 研究结果与意义

1）研究结果

Chen 等[24]的研究邀请了中国西北地区两所高校的 355 名 MBA 学生参与调研。为了降低共同方法偏差，该研究进行了间隔两周的分时段调研。参与者首先填写包含基本信息、延展性目标、悖论心态和资源稀缺感知的问卷。两周后填写工作家庭冲突的问卷。最终,该研究得到 294 份有效问卷,有效率为 82.82%。

Chen 等[24]的研究采用 SPSS 中的 Process 插件进行数据分析,结果表明,组织延展性目标会增加员工的工作家庭冲突。员工感知的资源稀缺性在上述关系中起到中介作用。员工悖论心态调节了资源稀缺感知与工作家庭冲突之间的关系,即员工悖论心态高时,资源稀缺感知与工作家庭冲突之间的关系减弱。进一步地,员工悖论心态也调节了组织延展性目标通过资源稀缺感知影响工作家庭冲突的间接关系。当员工悖论心态高时,该间接关系较弱。

2)理论意义

第一,Chen 等[24]的研究通过调查延展性目标对非工作领域(即家庭领域)的负面溢出效应,增加了关于延伸目标的文献。先前研究延展性目标的负面影响的研究主要集中在延展性目标与不道德行为之间的关系。其他相关研究则表示,延展性目标可能会对工作场所产生负面影响,如它们可能会加剧人际关系冲突,增加冒险行为,破坏目标承诺并引发压力[2,31]。Chen 等[24]的研究结果扩展了先前的研究,并表明延展性目标不仅可能在工作领域产生破坏性影响,而且还可能导致家庭领域的有害结果。该研究将感知的资源稀缺性作为延展性目标诱导工作家庭冲突的中介。更重要的是,该研究从悖论理论中找到了一种有效应对延展性目标的方法。尽管有研究已经提到了延展性目标潜在的悖论[1],但它并没有提供有效的方法来应对这种悖论。该研究借鉴了悖论理论,发现员工的悖论心态可以缓解延展性目标对家庭领域的负面溢出效应。通过这样做,该研究可以更好地理解如何处理延展性目标。

第二,Chen 等[24]的研究通过使用资源保存理论来解决延展性目标和工作家庭冲突之间的关系,从而扩展了资源保存理论。以往研究从社会认知理论[32]和社会交换理论[2]等多种理论角度探讨了延展性目标的负面影响。然而,这些理论观点不足以解释延展性目标对家庭领域的溢出效应。该研究通过利用资源保存理论来解决这个问题。该研究确定了一个相对较少研究的结构,即资源稀缺性,作为延展性目标和工作家庭冲突之间关系的中介。

第三,Chen 等[24]的研究通过在微观层面上使用悖论理论来解决工作家庭冲突问题,从而扩展了悖论理论。悖论理论为员工和组织如何应对紧张局势提供了深刻的视角。然而,先前关于悖论的研究大多仅关注组织层面的张力,很少关注微观层面的问题(除了 Miron-Spektor 等人[28]的研究)。Miron-Spektor 等[28]提出了悖论思维的概念[28],他们的研究表明,这种心态是员工在紧张局势中茁壮成长的关键。考虑到相互竞争的工作需求和家庭需求之间可能存在的紧张关系,Chen 等[24]的研究将悖论理论扩展到工作家庭研究领域,并证明悖论心态可以作为延展性目标对于家庭领域破坏性影响的重要缓冲。通过这样做,该研究还为工作家庭领域做出了贡献,因为该研究提供了一种有效的方法来帮助员工平衡他们的工作和家庭角色。

3)实践意义

首先,鉴于研究的发现,即延展性目标的负面影响,Chen 等[24]建议组织和管理者谨慎使用延展性目标,尤其是关心员工福祉的组织。其次,管理者在使用延展性目标时应为员工提供足够的资源支持,如财务、技术和情感支持。因为延展性目标的实现很大程度上取决于资源的可用性,而资源稀缺可能会触发工作家庭冲突。最后,人力资源经理可以招聘具有高度悖论心态的候选人。此外,悖论心态可以通过学习和干预来培养,管理者可以通过培训培养员工的悖论心态,尤其是悖论领导行为可以作为下属的榜样,因此,组织可以重点培养中高层管理者的悖论心态。

4)未来研究展望

第一,未来研究可以采取实验与实证结合的方法,对延展性目标的影响进行研究,以增强因果关系的验证。第二,未来研究可以将悖论心态这一概念应用在其他研究领域来解决存在的紧张和矛盾问题，如矛盾认同、矛盾情绪。第三，未来研究仍需要探索延展性目标可能产生的其他结果，尤其是积极结果。

2.2 组织目标设置的相关研究

随着经济的快速发展，无论是企业还是员工都在努力追求绩效目标，例如，创新绩效、关系绩效以及学习绩效等。然而，在设置和实现目标的过程中，他们往往容易忽略对道德规范的考虑，从而有可能导致不道德行为的产生。卢俊婷等[33]的研究探索了目标设置对员工不道德行为的影响。探究这一关系的重要性体现在以下几点：第一，随着经济技术的快速发展，无论是组织还是员工均面临着巨大的竞争压力，而为了更好地生存和发展，他们开始盲目设置并追求过高的绩效目标。然而，在发挥其激励作用的同时，目标设置可能也会扭曲员工的工作态度和行为。从资源限制理论视角出发，目标设置会影响个体资源的投入程度，而由于心理资源总量的有限性，个体对道德/非道德行为的识别能力便会受到干扰[34]。所以，基于理论实践考虑，目标设置很可能会影响员工不道德行为的产生。第二，针对工作场所中不道德行为的普遍性，越来越多的学者开始质疑组织实践是否存在某些错误或障碍。虽然目标设置一直被视为一种有益于改善组织绩效的有效工具，但是作为一种特殊的组织实践，其作用效果也逐渐受到学者的质疑[35]。正如 Barsky[32]提到的，目标设置提高绩效的代价可能是不道德行为的产生。虽然 Welsh 等[36]以及 Niven 等[34]均通过实验研究探讨目标设置与不道德行为之间的关系，但是对这一关系的研究仍停留在实验验证阶段，未来的研究更需要采用实证与实验相结合的研究方法来检验这一关系。另外，诸多学者强调未来的研究还需要基于某一理论分析，深入细化地探讨目标设置的具体内容或维度是否会影响员工不道德行为的产生[34,36]。鉴于此，卢俊婷等[33]的研究全面深入地探讨了目标设置对不道德行为的影响作用，下面将介绍该研究的具体内容。

2.2.1 研究内容

1. 目标设置与不道德行为的关系

目标设置理论认为，目标能够把个体需要转变为动机，促使个体行为朝着一定方向不断努力，并且能够将个体行为结果与既定的目标进行对比，进而及时对自身行为进行调整和修正，最终实现既定目标[37]。根据心理过程的两大主要特性，Locke 将目标设置划分为目标内容（goal content）与目标强度（goal intensity）两类，并提出目标内容包含两个维度：目标难度，即完成既定目标所需要的技术熟练程度与水平；目标具体化，即指定目标的定量化程度。而目标强度包含三个方面：指派 vs 参与目标、学习 vs 绩效目标以及目标激励与否[38-39]。其中，员工参与目标设置能够加深其对目标内容的认识，进而提高其目标认同感，是目标强度中较为重要的方面。卢俊婷等[33]的研究主要从目标难度、目标具体化以及员工参与目标设置三方面出发，深入分析目标设置与员工不道德行为之间的关系。

目标难度可能会影响员工不道德行为的产生。困难的目标需要消耗大量的精力和时间，而评价自身行为是否符合相应的道德规范也需要消耗一部分精力和时间。资源限制理论（resource limitation theory，也称为资源分配理论）认为人的心理资源总量是有限的，而个体通常将大部分心理资源放在其认为更重要的问题之上，导致其可能潜意识地忽略相对不重要的问题[39]。所以，当面对较高的目标时，员工更倾向于将精力放在如何实现目标的问题上，从而导致其可能忽略在该目标完成过程中的行为是否符合相应的道德规范[34]，影响其正确识别哪些行为是合理的、道德的，最终可能促使其采取撒谎欺骗、虚报绩效、贪污偷盗等不道德行为来实现较难的目标。正如 Clork-Proell 等[40]认为，困难的目标有助于提高员工的努力程度，但是由于个体的道德辩护倾向和资源有限性，个体对道德规范的认知均会被干扰或扭曲，可能促使个人产生某些违背道德规范的行为。因此，卢俊婷等[33]的研究提出，目标难度会增加员工不道德行为的产生。

与模糊的目标相比，具体的目标可能更容易促使员工产生不道德行为。正如 Cadsby 等[41]认为，在基于绩效目标的报酬体系中，与那些绩效目标模糊的员工相比，绩效目标明确的员工更有可能虚报个人绩效。Jensen[42]也表示，面对被激励的具体绩效目标，员工很可能会采取不道德方式来实现目标，例如，将销售成果从一个季度转移到另一个季度。基于资源限制理论考虑，具体目标会对个人的注意力产生定向效用[37]。具体目标清晰地定义了在组织中，为实现某项工作目标，个体应该关注哪些行为是有价值的、适当的[38]，从而促使个体将认知资源转移到那些与工作目标相关的行为之中，减少或避免关注那些与该目标无关的行为。道德规范或行为通常在具体工作目标中不会被提及，员工便会潜意识地忽略对道德问题的考虑，从而导致员工接受那些违背法律法规或者道德准则却有助于工作目标实现的不道德行为，如虚报绩效、撒谎行为等。Niven 等[34]也明确指出，个体将注意力聚焦于具体目标会严重威胁到个体的道德认知活动，可能导致个体产生不道德行为。因此，卢俊婷等[33]的研究提出，目标具体化会增加员工不道德行为的产生。

员工参与目标设置可能有助于减少不道德行为的产生。基于资源限制理论分析，员工参与目标设置时会将其更多的认知资源放在目标设置的可行性上，有助于其充分考虑在完成该目标时所能遇到的问题，甚至包括道德决策问题[39]。而在问题思考过程中，员工的道德认知水平会随之提高，并且在实际工作中会更加关注自身行为是否符合道德规范[39]。例如，Barsky[32]明确指出，与指派目标相比，员工参与目标设置能够促使其对目标完成过程中所涉及的道德问题等进行额外思考，即参与目标设置有助于改善员工的道德认知水平，可能有助于降低不道德行为的产生。另外，参与目标设置会促使该目标的难易程度在员工能力范围之内，基于资源限制理论分析，个体能够将部分认知资源置于道德问题之上，最终降低不道德行为产生的可能性。诸多学者也已明确指出，员工的参与度或发言权对行为决策起着至关重要的作用，并且会影响员工在后续工作中的工作态度以及行为认知[43]。因此，卢俊婷等[33]的研究提出，员工参与目标设置会减少其不道德行为的产生。

2. 目标设置与不道德行为：道德脱离的中介作用

卢俊婷等[33]的研究从道德脱离视角出发，试图分析目标设置对员工不道德行为的影响机制。一方面，基于资源限制理论分析，目标设置会影响个体资源的投入程度，而由于心理资源总量的有限性，个体可能会忽略对道德问题的思考，从而通过行为重塑、责任转移等方式使其不道德决策合理化，导致其道德脱离[44]。Bandura[45]曾明确指出，道德脱离倾向并非个体的稳定特性，会受个体所在的组织、社会环境的影响。而目标设置作为一种特殊的管理实践，可能会影响个体的道德推理过程[44]，从而导致个体产生道德脱离。进一步地，由于心理资源总量的有限性，该个体也许并不能及时意识到自身出现了道德脱离，故而不能及时调整自己的行为决策，最终促使不道德行为的产生。所以，基于资源限制理论，道德脱离可能会在目标设置与员工不道德行为之间的关系中起中介作用。另一方面，针对这一关系，Barsky[32]曾基于道德脱离的社会认知理论（social cognitive theory of moral disengagement）和中立化理论（neutralization theory）进行理论推导，并认为目标设置可能会通过影响个体的道德脱离而促使其产生不道德行为，并且鼓励未来的研究能够通过实证研究予以证实。鉴于此，卢俊婷等[33]的研究通过实证研究来进一步验证道德脱离的中介作用。

道德脱离是在社会认知理论基础上发展起来的一个概念，主要用于解释不道德行为决策的内部心理过程。Bandura[45]及 Detert 等[46]明确指出，当用于抑制不道德决策或行为的自我调节过程完全失去作用时，个体才会表现出不道德行为。而个体可以通过某些相互关联的内部认知机制（并非个体的稳定特性）来促使自我调节过程失去有效作用，这些内部认知机制即 Bandura 所提出的道德脱离概念。Bandura 等[47]指出，道德脱离作为一套相互关联的认知机制，包含七大部分：道德辩护、委婉标签、有利比较、责任转移、责任扩散、结果扭曲、惩罚归因[47]。这七大机制分别从三大视角，即不道德行为本身、个体承担的责任、行为产生的危害，解释了个体如何对自己做出的不道德行为进行辩护。基于道德脱离的本质及特征，卢俊婷等[33]的研究认为目标设置可能会通过影响个体内部相互关联的认知机制（即道德脱离）来影响其不道德行为的产生。具体分析如下：

首先，目标难度会通过影响个体的道德脱离来影响其不道德行为。一方面，基于资源限制理论分析，个体的认知资源是有限的，一旦在某件事情上投入太多的认知资源，投入在其他事情上的资源便会下降[39]。当目标难度较高时，个体需要投入更多的时间、精力才有可能完成该目标，从而导致个体将极少的认知资源集中于相关的道德问题认知上。正如，诸多研究者曾明确指出，基于道德决策的认知简化模型，目标难度会造成认知负荷，导致个体忽略对决策或行为中道德问题的认知[48]。进一步地，Barsky[32]表示较低的道德认知水平会促使个体产生道德脱离，最终加速不道德行为的产生。另一方面，为了实现较高目标或获取较高奖励，个体倾向于投入更多的认知资源对其不道德决策进行重塑或责任转移。例如，员工将自己向顾客隐藏产品信息的行为视为是为了帮助组织卖出更多的产品，将自己的不道德行为解释为保护同事或组织利益。或者，员工会解释其不道德行为的产生是由于组织目标设置过高或领导者的压力，而并非自己本意。正如，Kish-Gephart 等[49]研究表明，获取自身利益的机会越大，就越易引发个体产生道德脱离。Barsky[50]也认为，为了自身利益的最大化，个体会使用道德辩护与责任转移来使其不道德行为合理化。因此，卢俊婷等[33]的研究提出，员工道德脱离在目标难度与员工不道德行为之间的关系中起中介作用。

其次，具体的目标会对个体注意力产生定向效应[37]，导致个体产生道德脱离，从而增加其不道德行为。具体地讲，目标越明确，个体越清楚自己在实现目标过程中所应承担的工作角色，从而忽略对道德问题的认知。事实上，特定的绩效目标往往会促使员工去评估哪些行为是有价值的，促使员工明确自己应该花时间做什么。例如，Niven 等[34]认为，具体的目标会促使个体投入更多精力和注意力在那些与目标相关的活动之上，而忽略与目标无关的活动，包括忽略对道德问题的认知。所以，目标具体化会影响个体的内部认知机制。进一步地，Detert 等[46]表示，为自我服务的内部认知机制（如道德脱离）会促使个体用于抑制不道德决策的自我调节过程完全失去作用，最终导致不道德行为的产生。因此，卢俊婷等[33]的研究提出，员工道德脱离在目标具体化与员工不道德行为之间的关系中起中介作用。

最后，个体参与目标设置的程度会通过影响个体的道德脱离来影响其不道德行为。一方面，当参与设置目标时，员工会使用更多的认知资源来考虑目标设置，包括考虑在完成目标过程中是否会引发道德问题，引发何种道德问题，以及如何有效地解决该问题。例如，Narayanaswamy 等[51]明确指出，参与目标设置可以激发个体内部的行为准则，从而促使该个体积极主动地思考特定目标所涉及的任何需求和问题。Lamm 等[52]也表示，员工参与组织决策或活动会有助于改善其对决策内容或活动意义的理解，并能够提高员工的组织认同感。同样地，Gallie[53]认为，与参与组织决策的员工相比，不参与组织决策的员工容易扭曲对组织决策或目标的认识，并且不利于其自身能力的发展和心理健康的维持。Barsky[32]则进一步认为，在指派目标情境下，个体对问题的额外思考，尤其对道德问题的思考会被忽略或阻塞。所以，个体参与目标设置能够促使其将部分资源分配到道德规范认知上，降低其道德脱离的可能性，有助于充分发挥其自我调节作用来抑制不道德决策或行为的产生。另一方面，参与目标设置有助于个体理解目标完成过程中的行为准则或秩序，使个体不易对其不道德行为进行行为重塑或责任转移。例如，Barsky[32]认为，在指派目标的情境下，一般不会给定员工明确的行为规则或秩序，员工可能会解释他们被允许从事不道德行为，使其不道德行为合理化。而且 Clork-Proell 等[40]和 Tenbrunsel 等[54]表示，当员工接受指派目标时，员工更加关注目标分配的公平性、目标实现的结果以及组织或领导者的期望，从而容易对其不道德行为进行道德辩护或行为重塑。相反，在参与目标设置的情境下，员工不仅仅关注领导的期望，还注重自身所需承担的责任[8]。Barsky[50]以及 Moore 等[55]研究发现，个体的道德脱离会促使其不道德行为的产生。因此，卢俊婷等[33]的研究提出，员工道德脱离在员工参与目标设置与员工不道德行为之间的关系中起中介作用。

2.2.2 研究结果与意义

1. 研究结果

卢俊婷等[33]的研究采用实验研究和实证研究相结合的方法来验证理论模型。在研究 1 中，研究者采用实验方法来检验目标难度是否会增加员工不道德行为的产生。实验主要选取某一大学管理学院 ACCA 专业的大三学生作为实验被试者，一共 59 人，其中男生 27 人，女生 32 人，平均年龄为 19.56 岁。研究 1 的分析结果与研究预测结果相一致，困难目标组的被试者比一般目标组的被试者产生了更多的不道德行为。

在研究 2 中，研究者邀请了来自北京一家融资信贷公司的员工参与调研。为了降低同源性样本偏差，研究采用多阶段问卷调研的方式，向该公司员工发送问卷网页链接来完成问卷填写。在 T1 时间点上，向被试者发放第一份问卷，其中包含个人基本信息、目标设置以及道德脱离的相关题项；在 T2 时间点上（两周后），向已提交第一份问卷的被试者发放第二份问卷，其中包括不道德行为的题项。在 T1 时间点上，收到了 168 份有效问卷。在 T2 时间点上，研究者要求完成第一份问卷调查的被试者继续配合填写第二份问卷。最后，该研究得到了 128 份有效问卷。其中，普通员工占总样本的 71.87%，管理人员占 28.13%。年龄分布多集中于 20～30 年龄段（89.84%）。该研究使用 SPSS 来进行数据分析，结果表明，目标难度和目标具体化均与员工不道德行为之间具有显著正相关关系，而员工参与设置目标的程度（目标参与度）与员工不道德行为之间具有显著负相关关系；目标难度通过激发员工道德脱离来增加其不道德行为，目标参与度则通过降低员工道德脱离来减少其不道德行为；目标具体化不能影响员工道德脱离，员工道德脱离在目标具体化与员工不道德行为之间不存在显著中介作用。对此，可能的原因是：除了对个体注意力产生定向效应以外，目标具体化还可能会促使个体更加明确自身工作和职责，从而限制个体进行责任分散、责任转移以及责任归因，这在一定程度上可能会阻碍个体产生道德脱离，所以，从该角度出发，目标具体化可能很难通过引发个体产生道德脱离来促使其产生不道德行为。

2. 理论意义

首先，卢俊婷等[33]的研究基于一个新的理论视角——资源限制理论，解释了目标设置如何影响员工的不道德行为，扩展了有关目标设置与不道德行为之间关系的理论研究。具体地讲，由于个体的心理资源总量是有限的，在面对困难的、具体的目标任务时，个体更加关注哪些行为是有价值的、适当的，更倾向于将其心理资源投入目标实现上，而忽略实现目标的过程或方式是否符合相应的道德规范。而在参与目标设置时，员工则会将其更多的认知资源放在目标设置的可行性上，有助于其充分认识在完成该目标时所能遇到的道德困境，从而有利于避免不道德行为的产生。2016 年，Niven 等[34]基于自我调节的社会认知理论解释了具体绩效目标与不道德行为之间的关系，认为具体的绩效目标会限制个体的认知能力，导致个体在实现具体目标的过程中产生不道德行为。然而，个体的认知能力完全取决于个体的认知资源状况，换句话讲，资源限制理论更适合从本质上解释目标设置与不道德行为之间的关系。所以，卢俊婷等[33]的研究基于资源限制理论，进一步扩展了世人对目标设置与不道德行为之间关系的认识，延伸了有关目标设置负面性的理论研究。

其次，基于资源限制理论，卢俊婷等[33]的研究进一步揭示了目标设置与员工不道德行为之间关系的“黑箱”——员工道德脱离，延伸了有关目标设置对员工不道德行为影响机制的理论研究。组织目标设置究竟如何影响员工不道德行为呢？基于资源限制理论，卢俊婷等[33]的研究认为具体的目标会对个体注意力产生定向效应，困难的目标则会消耗个体过多的心理资源，两者均会导致分配在道德问题认知上的资源严重匮乏，容易促使员工产生道德脱离，促使其将不道德行为不断合理化。而当参与目标设置时，员工则会将更多的心理资源分配到目标设置的各个方面，包括行为准则、道德规范，这有助于抑制员工的责任转移或道德辩护，降低员工产生道德脱离的可能，进而减少其不道德行为。因此，基于资源限制理论，卢俊婷等[33]的研究揭示了组织目标设置之所以会导致员工不道德行为的潜在原因，使世人更加深入地了解了目标设置与不道德行为之间的关系。

最后，实验研究和实证研究相结合的方法不仅验证了目标设置对员工不道德行为的影响机制，而且两种方法的相互印证进一步增强了研究结果的准确性。

3. 实践意义

首先，在进行目标设置时，许多管理者可能会认为困难的目标更能激发员工的积极性、主动性以及创造性，却忽略了困难的目标也可能会促使员工违反道德规范以追求目标实现。所以，在进行目标设置时，管理者应该允许并鼓励员工积极参与目标设置，并促使员工深入了解目标实现过程中所能涉及的任何道德困境。同时，鉴于不同员工的能力和资源状况，管理者还需要加强其与员工之间的交流讨论，积极听取员工所提的相关意见，考虑目标难度的合理性，以保证目标设置的可行性。

此外，许多管理者可能会认为具体的目标更有助于引导个体的工作方向，然而，在实际管理过程中，具体的目标设置往往会导致目标管理执行过程缺乏应变性。通常情况下，组织或领导者一旦确定具体目标就不会再轻易去改变它，也正是如此，使得员工无法通过权变来适应或应对变化多端的外部环境。然而，被量化的组织目标又会促使员工不得不完成这些指标，导致其将更多的心理资源分配到目标完成上，从而忽略或故意违反相应的道德规范。所以，在目标设置过程中，管理者还应该合理地将组织目标具体化，并明确在何种特殊情况下目标具有一定的可变性，以避免员工陷入道德困境。

其次，卢俊婷等[33]的研究发现，目标难度和目标参与度可以通过影响员工道德脱离来影响其不道德行为。因此，卢俊婷等[33]的研究结果告诉管理者应该强调必要的组织道德规范，提高组织成员的道德认知，以降低员工的道德脱离倾向。具体来说，高道德认知会降低员工的道德脱离倾向，降低个体产生不道德行为的可能性。当公司加强道德规范宣传时，个体的道德认知和道德意识会明显提高，从而改善其自我调节过程，以充分抑制不道德行为的产生。

4. 未来研究方向

首先，目标设置除了目标难度、目标具体化以及目标参与度以外，还应包含很多其他内容，如自我目标、成就目标等。卢俊婷等[33]的研究并未全面地分析组织目标设置的其他重要内容对员工不道德行为的影响。在未来研究中，有必要针对组织目标设置的其他内容进行相关研究，并探讨这些内容对员工不道德行为的影响作用。

其次，卢俊婷等[33]的研究并没有对不道德行为进行划分，以探究不同的目标内容是否会引发不同类型的不道德行为。许多学者均表明，有必要在未来研究中从不同的研究视角对不道德行为内容进行一定程度的划分[56]。具体讲，Chen[56]曾指出不同的目标设置内容可能会导致个体产生不同类型的不道德行为，如目标难度可能更容易导致防御型不道德行为，而目标激励可能更容易使个体产生促进型不道德行为。因此，未来的研究需要进一步探究不同的目标设置内容对不同类型的不道德行为是否会产生不同的影响。

最后,卢俊婷等[33]的研究并没有进一步明晰研究目标设置与不道德行为之间关系的边界条件。Niven 等[34]和 Clork-Proell 等[40]曾明确强调,个体差异和外部条件可能会作为调节因素对目标设置与不道德行为之间的关系产生重要影响。因此,未来的研究还需要深入探究不同目标设置内容对不同类型的不道德行为产生显著作用的边界条件。

本章要点

- 延展性目标的概念和特征
- 延展性目标对员工不道德行为、关系冲突、情绪耗竭和工作家庭冲突的影响
- 目标设置与员工不道德行为的关系

本章参考文献

[1] SITKIN S B, SEE K E, MILLER C C, et al. The paradox of stretch goals: Organizations in pursuit of the seemingly impossible[J]. Academy of Management Review, 2011, 36(3): 544 - 566.

[2] ZHANG Z, JIA M. How can companies decrease the disruptive effects of stretch goals? The moderating role of interpersonal-and informational-justice climates[J]. Human Relations, 2013, 66(7): 993 - 1020.

[3] JONES T M. Ethical decision making by individuals in organizations: An issue-contingent model[J]. Academy of Management Review, 1991, 16(2): 366 - 395.

[4] ORDONEZ LD, SCHWEITZER M E, GALINSKY A D, et al. Goals gone wild: The systematic side effects of overprescribing

goal setting[J]. The Academy of Management Perspectives, 2009, 23(1): 6 - 16.

[5] SCHWEITZER M E, ORDONEZ L, DOUMA B. Goal setting as a motivator of unethical behavior[J]. Academy of Management Journal, 2004, 47(3): 422 - 432.

[6] JEHN K A. A multimethod examination of the benefits and detriments of intragroup conflict[J]. Administrative Science Quarterly, 1995,40(2): 256 - 282.

[7] TAKEUCHI R, CHEN Z, CHEUNG S Y. Applying uncertainty management theory to employee voice behavior: An integrative investigation[J]. Personnel Psychology, 2012, 65(2): 283 - 323.

[8] WRIGHT P M, GEORGE J M, FARNSWORTH S R, et al. Productivity and extra-role behavior: The effects of goals and incentives on spontaneous helping[J]. Journal of Applied Psychology, 1993, 78(3): 374.

[9] BARNETT C K, PRATT M G. From threat-rigidity to flexibility-Toward a learning model of autogenic crisis in organizations[J]. Journal of Organizational Change Management, 2000,13(1):74 - 88.

[10] GREENBERG J. The social side of fairness: Interpersonal and informational classes of organizational justice[M]//CROPANZANO R. Justice in the workplance: Approaching fairness in haman resource management. New Jersey: Erlbaum, 1993.

[11] 陈畅,张喆,贾明.组织延展性目标对员工情绪耗竭的影响机制研究:基于压力交易理论的视角[J].管理工程学报,2019,33(03):1 - 8.

[12] MASLACH C, SCHAUFELI W B, LEITER M P. Job burnout [J]. Annual Review of Psychology,2001,52 (1):397 - 422.

[13] LAZARUS R S. From psychological stress to the emotions: A history of changing outlooks[J]. Annual Review of Psychology,

1993,44(1):1－22

[14] KU G, WANG C S, GALINSKY A D. The promise and perversity of perspective-taking in organizations[J]. Research in Organizational Behavior, 2015(35): 79－102.

[15] LAZARUS R S. From psychological stress to the emotions: A history of changing outlooks[J]. Annual Review of Psychology, 1993,44(1):1－22.

[16] LAZARUS R S, FOLKMAN S. Coping and adaptation[M]. New York:Guilford Press, 1984.

[17] LEPINE M A, ZHANG Y, CRAWFORD E R, et al. Turning their pain to gain: Charismatic leader influence on follower stress appraisal and job performance[J]. Academy of Management Journal, 2016,59(3):1036－1059.

[18] CRAWFORD E R, LEPINE J A, RICH B L. Linking job demands and resources to employee engagement and burnout: A theoretical extension and meta-analytic test[J]. Journal of Applied Psychology, 2010, 95(5): 834.

[19] LAZARUS R S, FOLKMAN S. Stress, appraisal, and coping [M]. New York: Springer,1984.

[20] ATKINS P, PARKER S, AXTELL C. Building better work places through individual perspective taking: A fresh look at a fundamental human process[M]. New York:John Wiley & Sons, 2008.

[21] WEBSTER J R, BEEHR T A, LOVE K. Extending the challenge-hindrance model of occupational stress: The role of appraisal[J]. Journal of Vocational Behavior, 2011, 79(2): 505－516.

[22] SHERMAN S. Stretch goals: The dark side of asking for miracles[J]. Fortune, 1995, 132(10):165－166.

[23] GREENHAUS J H, BEUTELL N J. Sources of conflict between

work and family roles[J]. Academy of Management Review, 1985, 10(1): 76 - 88.

[24] CHEN C, ZHANG Z, JIA M. Effect of stretch goals on work-family conflict: Role of resource scarcity and employee paradox mindset[J]. Chinese Management Studies, 2020, 14(3): 737 - 749.

[25] HOBFOLL S E. Conservation of resources: A new attempt at conceptualizing stress[J]. Am Psychol, 1989, 44(3):513 - 524.

[26] HALBESLEBEN J R B, NEVEU J P, PAUSTIAN - UNDERDAHL S C, et al. Getting to the \"COR\": understanding the role of resources in conservation of resources theory[J]. Journal of Management, 2014, 40(5):1334 - 1364.

[27] SCHAD J, LEWIS M W, RAISCH S, et al. Paradox research in management science: Looking back to move forward[J]. Academy of Management Annals, 2016, 10(1):5 - 64.

[28] MIRON - SPEKTOR E, INGRAM A, KELLER J, et al. Microfoundations of organizational paradox: The problem is how we think about the problem[J]. Academy of Management Journal, 2018, 61(1): 26 - 45.

[29] ZHANG Y, WALDMAN D A, HAN Y L, et al. Paradoxical leader behaviors in people management: Antecedents and consequences[J]. Academy of Management Journal, 2015, 58(2): 538 - 566.

[30] SMITH W K, LEWIS M W. Toward a theory of paradox: A dynamic equilibrium model of organizing[J]. Academy of Management Review, 2011, 36(2):381 - 403.

[31] GARY M S, YANG M M, YETTON P W, et al. Stretch goals and the distribution of organizational performance[J]. Organization Science, 2017, 28(3): 395 - 410.

[32] BARSKY A. Understanding the ethical cost of organizational goal-setting: A review and theory development[J]. Journal of Business Ethics, 2008, 81(1): 63 - 81.

[33] 卢俊婷,张喆,马晓婷.目标设置对不道德行为的影响研究:来自实验与实证的证据[J].管理工程学报,2019,33(01):112 - 121.

[34] NIVEN K, HEALY C. Susceptibility to the 'dark side' of goal-setting: Does moral justification influence the effect of goals on unethical behavior? [J]. Journal of Business Ethics, 2016, 137 (1): 115 - 127.

[35] SHANTZ A, LATHAM G. The effect of primed goals on employee performance: Implications for human resource management [J]. Human Resource Management, 2011, 50(2): 289 - 299.

[36] WELSH D T, ORDONEZ L D. The dark side of consecutive high performance goals: Linking goal setting, depletion, and unethical behavior [J]. Organizational Behavior and Human Decision Processes, 2014, 123(2): 79 - 89.

[37] LOCKE E A, SHAW K N, SAARI L M, et al. Goal setting and task performance: 1969—1980[J]. Psychological Bulletin, 1981, 90(1): 125.

[38] LOCKE E A, LATHAM G P. A theory of goal setting & task performance[M]. Upper Saddle River: Prentice-Hall Inc, 1990.

[39] BARSKY A, KAPLAN S A. If you feel bad, it's unfair: A quantitative synthesis of affect and organizational justice perceptions[J]. Journal of Applied Psychology, 2007, 92(1): 286.

[40] CLORK - PROELL S M, KAPLAN S E, PROELL C A. The impact of budget goal difficulty and promotion availability on employee fraud[J]. Journal of Business Ethics, 2015, 131(4): 773 - 790.

[41] CADSBY C B, SONG F, TAPON F. Are you paying your em-

ployees to cheat? An experimental investigation[J]. The BE Journal of Economic Analysis & Policy, 2008, 10(1):35.

[42] JENSEN M C. Paying people to lie: The truth about the budgeting process[J]. European Financial Management, 2003, 9(3): 379-406.

[43] HUANG X, IUN J, LIU A, et al. Does participative leadership enhance work performance by inducing empowerment or trust? The differential effects on managerial and non-managerial subordinates[J]. Journal of Organizational Behavior, 2010, 31(1): 122-143.

[44] KAPTEIN M. Understanding unethical behavior by unraveling ethical culture[J]. Human Relations, 2011, 64(6): 843-869.

[45] BANDURA A. Moral disengagement in the perpetration of inhumanities[J]. Personality and Social Psychology Review, 1999, 3(3): 193-209.

[46] DETERT J R, TREVINO L K, SWEITZER V L. Moral disengagement in ethical decision making: A study of antecedents and outcomes[J]. Journal of Applied Psychology, 2008, 93(2): 374.

[47] BANDURA A, BARBARANELLI C, CAPRARA G V, et al. Mechanisms of moral disengagement in the exercise of moral agency[J]. Journal of Personality and Social Psychology, 1996, 71(2): 364.

[48] STREET M D, DOUGLAS S C, GEIGER S W, et al. The impact of cognitive expenditure on the ethical decision-making process: The cognitive elaboration model[J]. Organizational Behavior and Human Decision Processes, 2001, 86(2): 256-277.

[49] KISH-GEPHART J, DETERT J, TREVIñO L K, et al. Situational moral disengagement: Can the effects of self-interest be mit-

igated? [J]. Journal of Business Ethics, 2014, 125(2): 267 - 285.

[50] BARSKY A. Investigating the effects of moral disengagement and participation on unethical work behavior[J]. Journal of Business Ethics, 2011, 104(1): 59 - 75.

[51] NARAYANASWAMY R, GROVER V, HENRY R M. The impact of influence tactics in information system development projects: A control-loss perspective[J]. Journal of Management Information Systems, 2013, 30(1): 191 - 226.

[52] LAMM E, TOSTI - KHARAS J, KING C E. Empowering employee sustainability: Perceived organizational support toward the environment[J]. Journal of Business Ethics, 2015, 128(1): 207 - 220.

[53] GALLIE D. Direct participation and the quality of work[J]. Human Relations, 2013, 66(4): 453 - 473.

[54] TENBRUNSEL A E, WADE - BENZONI K A, MESSICK D M, et al. Understanding the influence of environmental standards on judgments and choices[J]. Academy of Management Journal, 2000, 43(5): 854 - 866.

[55] MOORE C, DETERT J R, KLEBE TREVIñO L, et al. Why employees do bad things: Moral disengagement and unethical organizational behavior[J]. Personnel Psychology, 2012, 65(1): 1 - 48.

[56] CHEN C. Goal-setting and unethical behavior: A regulatory focus perpestive[C]. Hong Kong: IACMR Conference Paper, 2012.

第 3 章　企业社会责任对员工的影响研究

企业社会责任（corporate social responsibility，CSR）被定义为考虑利益相关者期望以及经济、社会和环境绩效三重底线的特定环境的组织行动和政策[1]。迄今为止，大多数 CSR 研究都集中在宏观层面（即制度和组织层面）的分析[2]。然而，这些研究对组织的社会和财务绩效提供了不同的结果[2]。因此，一些研究人员呼吁更加准确地了解 CSR 与财务绩效之间的关系[2]。了解 CSR 的潜在收益和成本的一种未被充分利用的方法是探索 CSR 的微观基础。越来越多的文献开始关注微观层面的 CSR。现有研究表明，CSR 会激发员工的各种积极态度和行为，如组织承诺、组织认同、组织公民行为（organizational citizenship behavior，OCB）等。同时，学者们也呼吁开展更多研究，探索超越已有研究中的因变量的新的 CSR 相关结果[3]。接下来，本章将介绍关于 CSR 的几项重要研究，这些研究从不同理论视角探讨了 CSR 对员工产生的不同影响。

3.1　企业社会责任与员工行为

3.1.1　CSR 与员工建言

员工建言在推动组织成功和生存方面变得越来越有价值。它包含两个维度：促进性建言和抑制性建言。促进性建言是指为更好的工作实践和改进提出新的想法或建议，抑制性建言是指对现有或即将发生的对公司有害的工作实践、事件或行为表达担忧[4]。研究证实，建言会产生很多积极的结果，如提高组织效率、减少离职率、提高团队生产力和安全绩效、提高团队创新等。相反,不建言会产生负面后果,甚至引发悲剧。因此,了解公司如何鼓励员工使用他们的促进性建言和抑制性建言势在必行。尽管有几项研究探讨了促进性建言和抑制性建言的前因变量,但只有少数研究关注组织环境因素的作用,更不用说 CSR 了。探索 CSR 与员工建言的关系是重要的,因为这样做有助于理解如何应用实践来鼓励员工建言,并了解 CSR 的好处。因此,Wang 等[5]的研究探讨了 CSR 与建言之间的关系,该研究基于伦理氛围理论和伦理氛围的多经验模型,探究了 CSR 是否、如何以及何时增加了促进型建言和抑制型建言。

Wang 等[5]的研究首先关注一个研究问题:CSR 能提高员工建言吗? CSR 反映了公司旨在改善各利益相关者福祉的自主活动,它向员工传递了公司关心他人的信号[6]。学者们证实,员工不仅可以“观察”公司如何对待他们,还可以“观察”公司如何对待外部利益相关者[7]。因此,当员工认为他们的公司具有社会责任感时,他们可能会觉得说出自己的建议和担忧是一种有效和低风险的行为。这种信念通过增加促进性建言和抑制性建言表现出来。

如果 CSR 与员工的两种建言之间存在关系,那么下一个问题是:CSR 如何激励员工建言? 以往关于 CSR 与员工结果的研究主要集中在公平理论、社会认同理论,以及社会交换理论,但忽略了伦理氛围理论。伦理氛围指的是对什么是合乎伦理的行为以及应该如何处理伦理问题的共同看法。学者们确定了两种类型的伦理氛围:以他人为中心和以自我为中心[8]。以他人为中心的氛围表示在做出道德决策时优先考虑他人(包括组织成员和整个社会)的利益和福祉。相反,以自我为中心的氛围表明在做出道德决定时优先考虑自身利益最大化[8]。根据伦理氛围理论[8],伦理氛围的类型取决于组织的性质和环境,这些类型的伦理氛围在随后的员工行为中发挥着重要的作用。CSR 代表了影响员工对组织道德本质判断的关键线索来源。因此,Wang 等[5]的研究认为,CSR 可能会影响两种类型的伦理氛围(以他人为中心和以自我为中心),然后影响员工的促进性建言和抑制性建言。

Wang 等[5]的研究还探索了:CSR 在什么时候影响了不同类型的伦理氛围？伦理氛围理论主要采用单一行动者的方法来解释伦理氛围是如何形成的[8]？Hansen 等人[6]提出了一个伦理氛围的多经验模型，该模型同时考虑了多个行动者，以解释员工的道德氛围感知是如何形成的。根据该模型，员工向外看他们的公司如何对待社区，向上看他们的领导有多道德，向内看他们自己信任他人的倾向，以感知他们公司的伦理氛围。领导者与员工直接互动，每天向员工发出强烈的信号。学者们还证实，领导者在帮助员工解读氛围背景信息方面发挥着重要作用[9]。因此，员工向外看 CSR，并仰视谦卑型领导者，形成伦理氛围感知。

作为一种自下而上的领导风格，谦卑型领导越来越受到商业伦理领域学者的关注。谦卑型领导倾向于获得准确的自我认识，欣赏他人的长处和贡献，并对自我提升持开放态度[10]。商业伦理学家认为，谦卑是商业的美德和理性的回应，因为它反映了企业的合作和社会性质，而不是其自利和利润最大化的性质[11]。谦卑型领导也是以道德为导向的领导者，他们更关注员工福利和社会福利而不是个人利益[12]。因此，谦卑型领导可以作为催化剂，帮助 CSR 塑造对伦理氛围的看法。

下面将详细介绍 Wang 等[5]的研究的内容。

1.研究内容

1)CSR 与两种建言

建言可能产生积极的结果，比如在工作中有很大的能见度，但它的传递本身就具有挑战性。特别是，建言有可能会给员工带来负面的后果，如被误解为吹毛求疵，受到同事的报复等[4]。建言反映了一个深思熟虑的决策过程，在这个过程中，员工会考虑建言的积极和消极后果。研究表明，如果员工认为这样做是有效和低风险的努力，他们倾向于说出来。CSR 涉及各种面向改善各种利益相关者福利的实践，如员工、社会和自然环境。当员工认为他们的公司具有社会责任感时，他们很可能会相信说出他们的建议和担忧是有效的，而且风险低，原因有以下几个。

第一,CSR 可能会让员工相信,表达他们的建议和担忧会在他们的组织中发挥作用。员工在他们的环境中寻找关于使用他们的建言是否符合社会需求的线索[4]。CSR 关注多个利益相关者的福利和特定需求,这种对社会负责的活动向员工传达了他们的组织以重视人类尊严和自我价值的方式行事。由此,员工推断他们的组织重视他们,并重视他们的建议。也就是说,CSR 可以向员工发送他们的组织听到并重视他们的建议和关注的线索,这进一步鼓励员工建言,包括促进性建言和抑制性建言。

第二,CSR 可以降低员工表达建议和关注的感知风险。员工在自己的环境中寻找建言与个人风险相关的线索[4]。员工只有在评估了潜在的个人利益和风险后,才会选择表达他们的建议和担忧[4]。如果组织仁慈地对待多个利益相关者[6],那么与员工建言相关的潜在风险就大大降低了。同样,CSR 使员工相信,他们的组织倾向于促进自由和合作的工作环境,将自己的时间和努力投入公司的成功中是安全的。因此,CSR 可以鼓励员工建言,包括促进性建言和抑制性建言。

2)以他人为中心的氛围的中介作用

基于伦理氛围理论[2],Wang 等[5]的研究认为 CSR 可以影响以他人为中心的氛围,进而影响后续的员工行为,即促进性建言和抑制性建言。

第一,CSR 塑造了以他人为中心的环境。基于伦理氛围理论[2],组织实践被广泛认为是伦理氛围的主要先决条件[6]。当员工认为某些形式的伦理推理或行为是公司内部决策的预期标准或规范时,伦理氛围就产生了。伦理氛围的类型取决于组织的性质和环境。根据这一理论,CSR 可以增加员工对他人关注氛围的感知。具体而言,一方面,CSR 为员工判断其组织的道德规范提供了强有力的背景线索[6]。CSR 表达了组织价值观,如温暖、交流和道德[13]。这些价值观向员工传达了组织的决策和行为以他人的利益和福祉为导向[6]。先前的研究为这一预测提供了一些间接证据。例如,有学者指出,以伦理为导向的人力资源管理实践与仁慈的伦理氛围正相关[14]。另一方面，CSR 是员工判断组织道德本质的有力背景线索。CSR 基于规范处理的基本伦理假设[13]，其中包括超越自身利益的道德驱动因素，CSR 还关注改善多个利益相关者的福祉和利益。因此，CSR 会向员工发送提示，即他们的组织通过考虑他人的利益和福祉来做正确的事情[6]。

第二，以他人为中心的氛围鼓励员工建言。基于伦理氛围理论[2]，伦理氛围指导员工在组织中做正确的事情并影响随后的员工行为。以他人为中心的氛围鼓励员工从以他人为中心的角度行事[8]。学者们还认为，当员工处于以他人为中心的氛围中时，他们可能会为公共利益而行动[8]。因此，以他人为中心的氛围使员工感到有义务表达他们的建议和担忧，以促进共同利益。一方面，以他人为中心的氛围可能会通过提高员工感知到的建言有效性，从而鼓励员工的促进性和抑制性建言。以他人为中心的氛围也促进员工对自我价值的认知，并强调他们的贡献价值。因此，在以他人为中心的氛围中，员工很可能认为组织重视他们的建议和关注。另一方面，以他人为中心的氛围可以通过降低感知到的风险来激励员工建言。研究表明，以他人为中心的氛围鼓励员工行善[15]。此外，在以他人为中心的氛围中，员工较少担心表达与工作相关的建议和担忧可能带来的不利个人后果。

综上所述，Wang 等[5]的研究提出，CSR 可以通过营造以他人为中心的氛围，进而鼓励员工的促进性和抑制性建言。

3)以自我为中心的氛围的中介作用

根据伦理氛围理论，Wang 等[5]的研究提出，员工对 CSR 的看法是外向的，这减少了他们对以自我为中心的氛围的感知，这反过来鼓励了员工建言。

首先，CSR 阻碍了以自我为中心的氛围。根据伦理氛围理论[8]，当员工认为组织期望的规范在做出道德决策时强调自身利益最大化，就形成了以自我为中心的氛围。CSR 涉及关心各个利益相关者的福祉和福利,使员工与他人和谐相处,从而使员工推断他们的组织在做出道德决策时并不是以自我利益最大化为中心。先前的研究为这一预测提供了一些间接证据。例如,有学者指出,以伦理为导向的人力资源管理实践与利己主义的伦理氛围负相关[14]。因此,CSR 减少了员工对自我关注氛围的感知。

其次,以自我为中心的员工往往不会建言。根据伦理氛围理论[8],以自我为中心的氛围鼓励员工的利己主义,即以公司和他人的利益为代价[15],这种氛围引导着他们的利己行为。而员工建言可能会威胁到自身的利益[4]。因此,在以自我为中心的氛围中,员工不太可能畅所欲言。一方面,以自我为中心的氛围可能会使员工认为建言是徒劳的,从而阻止员工提出促进性和抑制性建言。研究表明,如果员工认为他们的组织和同事是以自我为中心的,他们会认为他们的组织和同事可能不会重视和认可任何改善集体福祉的努力(如建言)。另一方面,以自我为中心的氛围可能会通过让员工认为建言是有风险的,从而抑制这两种类型的建言。学者们指出,利己主义使员工在分享担忧时对同事负面反应的高个人风险敏感。

综上所述,Wang 等[5]的研究提出,CSR 会通过缓解以自我为中心的氛围,从而鼓励员工的促进性和抑制性建言。

4)谦卑型领导的调节作用

谦卑型领导在世界主要宗教中有着丰富的哲学根源,它有三个公认的主题[10]。第一个主题围绕着获得准确自我认识的意愿。谦卑型领导基于一种自我观念,即接受比自我更伟大的事物。这一主题表现为承认个人错误和局限性的意愿、超越自我概念和低自我关注。第二个主题涉及承认他人的优势和贡献。第三个主题是对自我提升保持开放的心态。这一主题的特点是对新想法和反馈的开放和自我超越的追求。谦卑型领导在工作环境中提供道德行为规范[16]。

根据伦理氛围的多经验模型[6],员工不断扫描所有方向,寻找环境线索，以理解其组织的伦理氛围。学者们表明，当有关社会氛围的多重信息线索一致时，它们对个人反应的影响可以被放大。相反，当多重信息线索不一致时，消极线索会影响个体对信息的认知加工，阻碍个体对线索的反应。谦卑型领导塑造了组织中关于价值、规范和期望的共同理解[12]。因此，谦卑型领导看待自己、看待他人、看待社会的方式影响着CSR对伦理氛围的影响。

第一，谦卑型领导愿意获得准确的自我认识，帮助领导者避免利己主义，并发送与源自CSR的线索一致的低自我关注线索，从而加强CSR对伦理氛围的影响。具体来说，谦卑型领导表现出较低的自我关注，他们往往保持低调，缺乏能见度，即使他们致力于改善社会[12,17]。这些无名英雄往往不是为了个人荣誉而追求目标，而是为了服务更大的社会[12]。当员工有高度谦逊的领导者时，来自组织和领导者的线索是一致的(如低自我关注)。因此，CSR对以他人为中心和以自我为中心的氛围的最初影响被高度谦逊的领导者加强。相反，当员工有低谦逊的领导时，来自组织和领导的线索很可能是不一致的。因此，CSR对以他人为中心和以自我为中心的氛围的最初影响被低谦逊的领导者削弱。

第二，谦卑型领导赞赏他人的优点和贡献的行为，通过为员工提供以他人为中心的线索，这些线索与源自CSR的线索一致，从而加强CSR对伦理氛围的影响。这种赞赏表明，谦卑型领导更注重集体福利和其他人的利益，而不是自己的利益。赞赏他人会向员工传递这样的信号：他们的领导者往往将他人的利益视为首要关注点[16]。谦卑型领导所提供的线索与CSR所提供的线索是一致的。CSR的宗旨是提升他人的福利和利益。因此，来自高度谦逊的领导者的线索证实了来自组织的以他人为中心的线索。因此，员工很可能从CSR中推断出，他们工作在更注重他人、更不注重自我的环境中。相反，来自低谦卑领导者的线索与来自组织的线索不一致，CSR培养以他人为中心的氛围和抑制以自我为中心的氛围的潜力减弱。

第三，谦卑型领导对自我提升持开放态度，并追述自我超越。因此，他们发出寻求改善社会福利的线索，这与来自 CSR 的线索是一致的。具体来说，谦卑型领导的生活追求与其说是关于他们自己，不如说是关于更大的社区、更大的整体、道德原则或最终的普遍真理[12]。与这一论点一致，有研究表明，持有自我超越价值观的领导者关注改善社会福利和超越自私利益，他们根据社会环境的道德要求而不是自己的利益推动使社会变得更好而努力[12]。这一努力符合 CSR 的理念，反映了造福社会福利和利益的目标。因此，CSR 对以他人为中心的氛围的积极影响以及 CSR 对以自我为中心的氛围的负面影响，对于谦卑型领导来说，将比低谦卑型领导更强。

简而言之，谦卑型领导有助于 CSR 营造以他人为中心的氛围，抑制以自我为中心的氛围。基于以上理论分析和实证证据，Wang 等[5]的研究提出，谦卑型领导水平越高，CSR 对以他人为中心的氛围的积极作用越强，员工建言（促进性建言和抑制性建言）的使用也越多。此外，谦卑型领导水平越高，CSR 对以自我为中心的氛围的负面影响越强，员工建言（促进性建言和抑制性建言）的使用也越多。

2. 研究结果与意义

1）研究结果

Wang 等[5]的研究从中国西北地区一所大学 MBA 班里的 382 名全职员工中收集了两阶段数据。这些员工来自多个行业，如金融、制造、房地产、医疗保健、能源和高科技行业；调查时间为 2016 年 10 月至 2017 年 9 月；参与的员工来自陕西、山东、江苏、北京、上海和广东。在第一阶段，500 名员工参与了问卷调查，汇报了他们公司的 CSR、谦卑型领导、以他人为中心的伦理氛围和以自我为中心的伦理氛围。在这一阶段收到 423 份有效回复，回复率为 84.6%。一个月后，进行了第二阶段的问卷调查，员工汇报了他们的促进性建言和抑制性建言情况，这一阶段回复率为 92.2%。在剔除不完整的问卷之后，最终获得 382 份有效问卷。

Wang 等[5]的研究采用 Mplus 7.0 进行数据分析，结果表明 CSR 与促进性建言和抑制性建言正相关。以他人为中心和以自我为中心的氛围在 CSR 和两种建言之间的关系中起中介作用。此外，谦卑型领导调节了 CSR 与以他人为中心的伦理氛围之间的正向关系，并且谦卑型领导调节了 CSR 与以自我为中心的伦理氛围之间的负向关系。谦卑型领导还调节了 CSR 通过以他人为中心和以自我为中心的氛围对这两种建言之间的间接影响。

有趣的是，Wang 等[5]的研究结果显示，CSR 对促进性建言和抑制性建言的间接影响是不同的。具体而言，CSR 通过以他人为中心的氛围对促进性建言的间接效应强于 CSR 通过以他人为中心的氛围对抑制性建言的间接效应。此外，CSR 通过以自我为中心的氛围对抑制性建言的间接效应强于 CSR 通过以自我为中心的氛围对促进性建言的间接效应。出现这些结果的一个可能原因是，在以他人为中心的环境中，员工可能会觉得有义务让自己的组织受益，义务感对促进性建言有较强的影响。然而，抑制性建言比促进性建言具有更大的个人风险，个体可能会首先推断人际环境是否有利于表达担忧。处于自我关注氛围中的员工可能会推断，使用抑制性建言会产生不良的社会后果，因此他们不太可能使用抑制性建言。

2)理论意义

第一，Wang 等[5]的研究首次将 CSR 与两种员工建言联系起来，从而对 CSR 文献做出了贡献。CSR 的战略管理研究主要侧重于探索宏观层面上 CSR 与企业绩效的关系，但这些研究的结果不一[2]。自从 Aguinis 等[2]呼吁对 CSR 进行微观层面的研究以来，关于 CSR 对员工绩效影响的研究越来越多。大多数微观层面的 CSR 研究主要通过将 CSR 与员工态度和行为结果联系起来，来解释 CSR 的意义，如组织认同、员工敬业度，以及员工创造力等。而 CSR 对员工建言的影响在很大程度上被忽视了。Wang 等[5]的研究发现扩大了现有 CSR 文献的范围，并证实

CSR 也会影响两种员工的建言。这些结果有助于 CSR 学者从员工的角度理解 CSR 现象。

同时，Wang 等[5]的研究通过提出 CSR 与不同类型员工建言之间的多种潜在机制，对 CSR 文献做出了贡献。虽然一些学者对 CSR 和员工结果之间的潜在机制提供了见解，但很少有人关注多种中介。目前，只有少数调查探索了多种中介。例如，Farooq 等[17]证实，内部社会责任和外部社会责任分别通过感知到的内部尊重和外部声望影响组织认同。Hur 等人[18]探讨了 CSR 如何通过员工的同情心和内部动机来影响员工的创造力。与这些研究不同，Wang 等[5]的研究揭示了 CSR 如何通过以他人为中心和以自我为中心的氛围影响两种类型的建言。这一特征很重要，因为间接影响的性质可能会因在相同模型中测试一个给定的中介或多个中介而不同，这种差异对帮助学者理解 CSR 如何通过不同过程影响员工结果具有重要意义。

第二，Wang 等[5]的研究通过揭示 CSR 最终如何影响两种员工的建言，为伦理氛围理论做出了贡献。以前的大多数研究都使用社会认同理论来解释 CSR 如何促进员工的组织认同，然后影响他们不同形式的公民行为。同时，社会交换理论通常被用来解释为什么 CSR 可以通过增加员工感知的信任来影响员工的 OCB 和愤世嫉俗。虽然这两种理论都可能有助于解释 CSR 如何通过组织成员资格或社会交换机制影响员工的态度和行为，但它们没有将伦理行为规范整合到工作环境中，也无法解释为什么 CSR 可以帮助员工权衡潜在的个人利益和表达意见的风险。因此，Wang 等[5]的研究利用伦理氛围理论提出伦理氛围作为新的潜在中介机制，CSR 通过它激励员工畅所欲言。

第三，Wang 等[5]的研究通过阐明 CSR 影响员工对伦理氛围感知和他们的建言行为的边界条件，对谦卑型领导理论做出了贡献。Owens 等[16]首先提出了谦卑型领导的概念框架。学者们的研究表明，尽管领导者的谦卑越来越被认为是领导有效性的关键决定因素之一，但关于谦卑在领导力中的相关性的实证研究却极为罕见。现有的研究主要考察了谦卑型领导对相关员工的一般结果，如工作投入、情感承诺、团队绩效、团队有效性、员工建言和团队创造力。学者们很少关注谦卑型领导作为 CSR 的边界条件，在此条件下 CSR 是否能有效地激励员工的行为。Wang 等[5]的研究将谦卑型领导扩展到 CSR 领域，并应用伦理氛围的多经验模型作为理论框架的基础，来解释谦卑型领导的调节作用。Wang 等[5]的研究结果提供了证据，证明谦卑型领导可以作为催化剂，促进 CSR 与以他人为中心的氛围之间的积极关系，并加强 CSR 与以自我为中心的氛围之间的消极关系。

3)实践意义

第一，企业可能会从积极的 CSR 倡议中受益。Wang 等[5]的研究提供了证据，当员工认为他们的公司具有社会责任感时，他们可能会以相似的眼光看待他们公司的伦理氛围。因此，为了形成更多的以他人为中心的氛围，而更少的以自我为中心的氛围，企业应该积极参与社会责任倡议，如多样性管理、环境保护、慈善事业和志愿者项目等。

第二，Wang 等[5]的研究表明，谦卑型领导在形成以他人为中心的氛围、减少以自我为中心的氛围、激励员工使用他们的促进性和抑制性建言方面发挥着重要作用。正如该研究结果所表明的，谦卑型领导应该被开发、奖励，并添加到人力资源管理实践中。具体来说，人力资源部门应该在选拔过程中考虑领导者的谦卑。随后的培训可以包括谦卑的领导力发展，这样领导者可以接受员工的想法和反馈，准确地看待自己，欣赏他人的优势和贡献。Wang 等[5]的研究还建议组织在评估、晋升和奖励中认可和奖励谦卑型领导。

第三，Wang 等[5]的研究建议发展以他人为中心的氛围和减少以自我为中心的氛围，以增加员工建言的使用。营造以他人为中心的氛围，可以提高员工提出建设性建议的意愿，以减少他们对工作问题的担忧。

4)未来研究展望

第一，Wang 等[5]的研究在中国进行，因此，该研究是否适用于其他文化背景(如西方文化)尚不清楚。以往的研究表明,不同文化背景的个体对 CSR 的反应不同,可能是因为他们的价值观不同。因此,未来的研究可以检验文化价值观如何影响员工对 CSR 的反应。第二,Wang 等[5]的研究从单一来源(即员工)收集数据,因此,可能容易出现共同方法偏差。因此,未来的研究可以从不同的来源获取数据,以减少共同方法偏差。第三,Wang 等[5]的研究只考察了伦理氛围在 CSR 与员工建言之间的中介作用,没有探讨 CSR 是否通过伦理氛围对其他结果(如个人绩效)做出贡献。个人层面的 CSR 研究最重要的结果是理清宏观层面文献中关于 CSR 绩效联系的混合发现。未来的研究可以拓宽该研究的模型,探索 CSR 如何通过伦理氛围影响个人绩效。

3.1.2 CSR 与员工反生产行为

1. 研究内容

反生产行为是员工故意做出的损害组织或其成员利益的自发行为。由于反生产行为在组织中具有极高的普遍性和破坏性,目前已成为企业界和学术界关注的热点问题。在美国,每年有 33%至 75%的员工出现欺诈、偷窃和怠工等行为,给企业造成的损失高达 60 亿至 2000 亿美元。这种现象并不仅限于美国,在我国的企业中也普遍存在。调查显示,经常在公款中报销私人消费单据的员工占总调研人数的 12%,在上班时处理私事的员工占 8%,偷窃办公用品的员工占 5%,在工作时间脱岗、空岗、聊天和网购等现象更是层出不穷。

为减少这种行为的发生,学者们从不同研究视角出发,探究其前因和影响机制。王娟等[19]的研究从 CSR 的角度出发,探究其对反生产行为的影响。CSR 是指企业在一定情境下,所采取的考虑了利益相关者期望和经济、社会及环境等三重绩效的一系列政策和活动。以往很多学者从 CSR 动机、公司治理及消费者反应等视角出发探究 CSR 与反生产行为之间的关系,而员工作为 CSR 实践活动的参与者、执行者和观察者，其行为如何受到 CSR 的影响却并未得到学者们的足够重视。目前 CSR 对内部员工的影响研究多集中于员工态度方面，如组织认同和情感承诺，也有学者开始关注 CSR 对工作行为的影响，如 OCB，但是，CSR 与反生产行为之间的关系还是一个研究空白。王娟等[19]的研究表明，影响反生产行为的因素包括组织伦理氛围等，在功利性的伦理氛围下，员工更可能从事反生产行为。而企业通过履行社会责任营造了一种利他的组织氛围，可能会减少员工的反生产行为。

因此，王娟等[19]的研究首先探究了 CSR 对反生产行为的影响。该研究还关注，如果 CSR 能够减少员工的反生产行为，那么其内在的作用机制是什么？根据自我决定理论，亲社会动机是指关心他人利益并愿意为此投入精力的意愿[20]，内部动机是指从事某种工作是为了活动本身所体验到的快乐和满足[21]。该研究认为员工感知的 CSR，一方面可以通过增强员工的亲社会动机，继而减少不道德的反生产行为；另一方面也可以增强其内在动机，继而减少偷懒等反生产行为。

除此之外，在员工 CSR 感知与反生产行为的作用机制之间是否存在着一定的边界条件？领导作为企业履行社会责任的决策者和监督者，与员工有着密切的互动关系。在所有的领导类型中，王娟等[19]的研究选取了伦理型领导，是由于员工对 CSR 的感知在很大程度上会受到企业伦理价值的影响，而伦理型领导对于塑造企业伦理价值、推动 CSR 的履行具有重要意义。但是，CSR 方面的实证研究在很大程度上忽视了企业领导者的道德观在 CSR 实施过程中的作用。因此，王娟等[19]的研究进一步探讨了伦理型领导在这一过程中的调节作用。

下面将详细介绍王娟等[19]的研究。

1)CSR 与反生产行为

近年来，从微观层面特别是从组织内部员工的视角，探究 CSR 对企业影响的研究越来越受到学者们的关注。目前对 CSR 与员工行为间关系的研究多是从以下几个理论视角展开的——公平理论、需要层次理论和社会认同理论。结合 CSR 对员工态度和行为影响的相关研究，王娟等[19]的研究认为 CSR 能够通过以下三种途径减少员工的反生产行为。

第一，基于公平的视角。Rupp[7]率先将 CSR 引入微观研究领域，认为员工会根据企业是否公平地对待自己、对待组织内的其他人以及组织外的其他利益相关群体来形成公平感知。研究表明，CSR 能够增强员工总体的公平感知，而公平感知与反生产行为显著负相关。因此，员工 CSR 感知能够减少其反生产行为。

第二，需求层次满足的视角。当员工感知到企业是一个对社会负责的组织时，能够满足他们的安全需求、尊重需求、归属需求和自我实现需求，继而减少因需求得不到满足而产生的反生产行为。

第三，通过社会认同的途径。CSR 有助于增强员工的组织认同感、组织自尊和情感承诺，而这些均与反生产行为显著负相关。因此，当员工感知到企业履行社会责任时，会减少自身的反生产行为来维护组织带给他们的认同感和自尊感。由此，王娟等[19]的研究提出，员工 CSR 感知与反生产行为显著负相关。

2)亲社会动机与内在动机的中介作用

根据自我决定理论，亲社会动机是一种内摄性、关注结果和未来导向的动机，而内在动机是一种自主性、过程导向和关注现在的动机[20]。一方面，尽管外部 CSR 主要是针对外部利益相关者实施的志愿行为，与员工自身利益并不直接相关，但企业所表现出的公平、信任和关怀等伦理特征，有助于构筑良好、公平的工作环境，提高员工对企业道德性的感知。根据自我决定理论，当员工感知到企业履行社会责任、重视外部利益相关者时，可通过情感认同和价值观的一致性，对亲社会动机进行自主调节[20]。因此，CSR 能够提高员工的亲社会动机，而亲社会动机能够减少员工的反生产行为。研究表明，被亲社会动机所激励的员工会更加积极地与周围的人建立良好的关系，为自己创造和谐的工作环境，继而提高员工的工作满意度、主观幸福感和 OCB 等[22-23]。由于具有亲社会动机的员工会更多地关注外部世界，重视他人的利益，会减少对组织或其成员利益造成损害的行为，因此，员工CSR感知能够提高其亲社会动机，继而减少反生产行为。另一方面，CSR活动能够让员工感知到工作的意义，提升其内在动机，继而减少反生产行为。研究表明，CSR对于满足员工的工作意义需求具有潜在作用，企业通过履行社会责任，使员工感受到他们作为企业的一员也在为社会做贡献，从而从工作中获得意义和价值，提高其内在动机。而员工的内在动机可以减少其反生产行为。反生产行为出现的原因之一在于员工的内在动机不足，当员工在工作过程中不能感受到工作的乐趣时，就会产生偷懒、消极怠工等生产偏差行为。根据自我决定理论，当员工受内在动机激励时，能够从完成工作的过程中获得满足感和乐趣，在工作上投入更多的时间和努力，提高工作的效率和效果[20]，继而减少反生产行为。

3)伦理型领导在第一阶段的调节作用

根据自我决定理论，外部环境因素会影响员工的动机。CSR活动作为一种第三方公平，能否激发员工的两种动机(亲社会动机和内在动机)，还要受到企业内部领导类型的影响，因为企业的领导类型会影响到内部员工能否被公平对待(第一方公平)。伦理型领导包括公平、正直、员工导向、权力分享、任务澄清、伦理指导和可持续性关注等七个维度[24]。王娟等[19]的研究认为伦理型领导能够增强员工CSR感知与两种动机之间的关系。

其一，伦理型领导能够增强员工CSR感知与亲社会动机之间的正向关系。一方面，伦理型领导能够公平地对待员工，尊重和支持员工的需求，合理地分配组织资源，能够使员工直接感受到企业会公平地对待自己(第一方公平)；另一方面，伦理型领导推崇和奖励道德行为，关注环境的可持续发展，使员工感受到企业会公平地对待外部利益相关者(第三方公平)。因此，在伦理型领导水平较低的企业中，当员工感知到企业外部的CSR时，可能会怀疑企业实施CSR的动机，认为企业伪善，继而产生较低水平的亲社会动机；在伦理型领导水平较高的企业中，当员工感知到企业外部的 CSR 时，会认为企业是出于利他动机、内外一致地履行社会责任，从而产生较高水平的亲社会动机。

其二，伦理型领导能够增强员工 CSR 感知与内在动机之间的正向关系。根据自我决定理论，环境因素分为信息性、控制性与去动机性三种类型。伦理型领导推崇权力分享和开放式沟通，听取下属的意见，并鼓励下属参与决策，为下属提供了一种信息型的环境类型，能够增强下属的胜任感，继而增强员工 CSR 感知与内在动机之间的关系。同时，企业对外履行 CSR，对内采取伦理型领导方式，为员工提供了一种安全的外部环境，会增强员工的内部动机。

4）伦理型领导在第二阶段的调节作用

根据个体-环境匹配理论，员工的态度和行为取决于员工与环境之间属性的一致性。个体-环境的匹配包含两种模式：第一，补充性匹配（supplementary fit），即组织或个体具有相似或匹配的特征；第二，互补性匹配（complementary fit），即组织中所缺乏的特征刚好被员工的优点所弥补，或者员工所缺乏的属性刚好被组织中的优势所弥补[25]。虽然有研究表明，员工的亲社会动机与工作绩效和角色外行为等结果变量正相关，但也有研究得出了不一致的结论。当有亲社会动机的员工遇到较高水平的伦理型领导时，作为一种补充性匹配，能够增强员工感知到的价值观的一致性，从而进行整合调节，加强亲社会动机对反生产行为的削弱作用。

根据个体-环境匹配理论，当有内在动机的员工遇到较高水平的伦理型领导时，此时作为一种互补性匹配，也能够增强内在动机对反生产行为的削弱作用。具有内在动机的员工享受工作本身的乐趣和挑战性，会较少地出现偷懒等生产偏差行为。而伦理型领导明确地向下属传达道德行为标准，为企业营造了一种伦理型的组织氛围，加强了对具有内在动机的员工的道德约束，从而使其减少不道德的反生产行为。

5)伦理型领导在整个模型中的调节作用

在以上的论述中,王娟等[19]的研究提出:亲社会动机在员工CSR感知与反生产行为之间起着中介的作用;伦理型领导会强化员工CSR感知与亲社会动机之间的正向关系(调节第一阶段的影响),同时会增强亲社会动机对反生产行为的削弱作用(调节第二阶段的影响)。根据这些假定,可以进一步推论,伦理型领导水平越高,亲社会动机在员工CSR感知与反生产行为之间所起的中介效应就越强;同理,也可以推论,伦理型领导水平越高,内在动机在员工CSR感知与反生产行为之间所起的中介效应就越强。

2.研究结果与意义

1)研究结果

王娟等[19]的研究选择的调研样本主要考虑"中国CSR排行榜"百强企业,样本来源于某大型电力企业的56家分公司以及高校的MBA人员,调研对象分布于陕西、山东、江苏、上海、福建、湖北和安徽等多个省(市),包括西安、济南、上海、北京和厦门等56个城市。为了降低潜在的同源方差,王娟等[19]的研究分两个时间点完成问卷收集工作。在时间点1向员工发放用于测量员工CSR感知、伦理型领导、亲社会动机和内在动机等变量的第一批问卷,在两个星期后的时间点2发放用于测量反生产行为等变量的第二批问卷。2015年5月至12月正式发放和回收问卷。调研过程中共收到423份问卷,剔出数据缺失严重的问卷,最后收到有效问卷405份,有效回收率95.74%。

数据分析结果表明,员工CSR感知与反生产行为显著负相关;亲社会动机、内在动机均在员工CSR感知与反生产行为之间起中介作用;伦理型领导能够增强员工CSR感知与员工两种动机之间的正向关系;伦理型领导能够增强员工的两种动机与反生产行为之间的负向关系。此外,王娟等[19]的研究还提出了一个被调节的中介模型。这一研究结论对员工CSR感知如何减少员工的反生产行为提供了新的视角。

2)理论意义

首先,王娟等[19]的研究从CSR的视角,探究了反生产行为的前因变量。一方面,从CSR的视角来看,以往对CSR的研究多集中于宏观领域,王娟等[19]的研究从微观视角出发探究了CSR对员工反生产行为的影响,弥补了CSR对员工消极行为影响方面的研究不足;另一方面,从反生产行为的视角来看,王娟等[19]的研究从CSR的视角出发,为反生产行为的治理提供了新的思路。因此,王娟等[19]的研究的价值之一就在于从CSR的视角探究其对于反生产行为的影响,拓展了中国管理背景下CSR与员工消极行为结果的认识。

其次,基于自我决定理论,王娟等[19]的研究从动机协同的角度探究员工CSR感知对反生产行为的影响,将亲社会动机和内在动机引入员工CSR感知与反生产行为之间的作用机制之中。一方面,员工CSR感知会激发员工的亲社会动机,使员工减少不道德的反生产行为;另一方面,员工CSR感知能让员工感受到工作的意义,增强内在动机,继而减少偷懒等反生产行为。这在一定程度上揭示了员工CSR感知影响反生产行为的“黑箱”。

最后,基于自我决定理论和个体-环境匹配理论,王娟等[19]的研究进一步探究了伦理型领导在整个模型中的调节作用。根据自我决定理论,企业对外的CSR活动是否会引发员工的两种动机还要取决于企业内部的领导类型,王娟等[19]的研究从伦理型领导的视角探究了员工CSR感知与员工动机之间关系的边界条件。同时,根据个体-环境匹配理论,王娟等[19]的研究进一步探究了伦理型领导在第二阶段的调节作用。

3)实践意义

企业中的反生产行为普遍存在,如何调动员工的工作积极性,减少反生产行为,是每个企业都面临的重要问题。王娟等[19]的研究结果给管理者提供了重要启示:企业履行社会责任能够激发员工的亲社会动机和内在动机，继而减少他们的反生产行为。在企业实际的管理中，要想减少员工的反生产行为，就应该履行社会责任、构建负责任的组织环境，如积极参与公益活动，鼓励员工参与志愿服务等，让员工体验到企业的"责任感"等。此外，企业在履行对外的社会责任时，也不能忽略企业内部的伦理型领导方式，领导者要通过权力分享、任务澄清和伦理指导等方式，公平地对待员工，使员工感受到企业内外是在言行一致地履行社会责任，进而尽可能地减少员工的反生产行为。

4）未来研究展望

由于研究背景的限制，王娟等[19]的研究存在以下几方面的局限性。第一，尽管在研究设计时采用分时段的数据收集方式，以减少同源样本方差的影响，但同一来源的测量方法无法从根本上避免这一问题，因此，未来的研究应考虑采用不同来源的数据。第二，王娟等[19]的研究主要是从员工感知的角度对 CSR 进行测量，虽然从个体感知的角度来评价 CSR 对员工行为的影响也是非常有意义的，但仍然并非是企业真实的 CSR 数据。因此，未来的研究可以继续探讨企业实际的 CSR 与员工感知的 CSR 分别对员工行为的不同影响。第三，CSR 对员工态度和行为的影响路径是多种多样的，后续的研究可以从不同理论视角出发探究其作用机制。

3.2　企业慈善与企业绩效

企业慈善是企业社会绩效不可或缺的典型组成部分，通常被定义为企业自愿向社会捐赠企业资源[26]。最近，学者们将企业慈善视为一种实现社会和经济绩效协同的策略。然而，企业慈善与绩效之间的关系仍然没有定论。这种难以捉摸的关系让想要同时实现伦理和经济目标的企业感到困惑。研究发现，认为伦理与绩效之间存在关系的信念导致企业更倾向于参与 CSR 活动[27]。随着支持伦理与绩效之间联系的证据的增加，企业做出伦理决策的动机倾向于增加。因此，需要进一步分析企业伦理（尤其是涉及大量资源捐赠的企业慈善）与经济绩效的关系及其内在机制。

为了更好地理解以往实证结果的不一致性，研究者进行了元分析，发现测量因素和偶然因素在伦理-绩效关系中发挥了重要作用[26]。研究者们指出，现有文献的关键局限性之一是过度依赖财务绩效。这些研究中，只有少数包括非财务绩效。因此，Zhao 等[28]的研究采用相对竞争绩效（relative competitive performance，RCP）作为因变量。与广泛使用的财务绩效相比，RCP 包括公司业绩的许多方面，如净利润、市场份额、新产品/服务开发和生产能力[29]。此外，竞争对手可能会以类似的方式受到外生影响。因此，通过相对于竞争对手的绩效来衡量企业绩效（即 RCP），至少控制了这些外生因素中的一部分。

最近的研究试图揭示企业伦理和绩效之间的潜在机制。然而，这些研究大多只关注组织外的利益相关者，如消费者、投资者和合作伙伴，连接企业伦理和 RCP 的组织内部微观过程仍然很少被研究[26]。作为一种外部导向的伦理，企业慈善为外部利益相关者提供资源，但向员工传递伦理信号[3]。这种容易获得的伦理信号倾向于积极地影响员工的情绪、态度和行为，尤其是组织公民行为（OCB）。OCB 被认为是绩效的关键预测因子。因此，Zhao 等[28]的研究认为员工 OCB 可能在企业慈善影响企业绩效的过程中发挥重要作用。然而，上述断言缺乏实证证据。基于此，Zhao 等[28]的研究关注员工组织层面的 OCB 作为企业慈善与 RCP 关系的中介[28]。组织层面的 OCB 是员工在组织层面对平均公民行为的感知。这一组织层面的变量对组织有效性具有实质性的解释力，并描述了组织中个人的行为。

此外，企业慈善可能会与其他组织环境交互影响员工。在 Rupp[7]提出的以员工为中心的多经验模型中，员工对组织的整体公平感依赖于三个方面的经验：向内看（即员工作为个体，感觉他们自己被组织对待的公平程度），向外看（即员工觉得他人被组织对待的公平程度），以及看周围(即员工作为群体,他们觉得自己被组织对待的公平程度)。因此,除了向外看(企业慈善)之外,Zhao 等[28]的研究还引入了工作家庭平衡实践(WLBP)作为理论模型中的向内看的视角[28]。WLBP 包含正式和非正式的组织实践,以帮助员工改善他们的工作和家庭角色。它可以被视为雇主对员工的伦理实践的集合,因为这些实践并不是劳动法所规定的。它也可以是一个窗口,让员工看到他们的雇主如何合乎伦理地对待他们。根据线索一致性理论,具有一致性的多源线索对个体的影响强于具有冲突的多源线索[30]。因此,当从外看的信息(企业慈善)遇到从内看的线索(WLBP)时,高水平的 WLBP 倾向于加强企业慈善对员工的积极影响。综上所述,Zhao 等[28]的研究探索了在不同水平的 WLBP 下,从企业慈善到组织层面的公民行为,再到 RCP 的过程[28]。

下面将详细介绍 Zhao 等[28]的研究内容。

3.2.1　研究内容

1. 企业慈善与 RCP

许多学者断言企业伦理与企业绩效之间存在正相关关系,并提供了令人信服的潜在解释[26]。例如,许多实证研究表明,企业慈善和其他社会绩效将通过增加企业伦理声誉来促进企业财务绩效[31]。特别是,企业伦理声誉有利于建立积极的客户关系,促进购买行为[31]。此外,金融投资者和政府机构愿意支持高度参与 CSR 倡议的公司[32]。

然而,关于企业伦理(尤其是企业慈善)对企业绩效的影响的实证证据是不确定的。Griffin 等[33]发现,在 7 家大型化工公司中,以会计为基础的衡量标准,企业慈善和财务业绩之间没有显著的关系。Seifert 等人[34]的研究结果表明,企业慈善和利润之间不存在相关性。Chun 等人[35]也发现,企业对社会的伦理(即企业慈善)与企业的财务绩效既没有直接关系,也没有间接关系。一些研究人员还提出了企业慈善与绩效的负关系[36],他们认为,企业慈善主要会导致成本增加而不是效益增加，尤其是当管理者捐赠公司资源以提升个人形象时。

有趣的是，这种不显著的关系主要体现在将某一时期的财务绩效作为因变量的研究中[34-35]。此外，尽管自私的管理者有机会以自己的账户进行捐赠，但企业捐赠的潜在未来经济利益也不应被忽视。财务绩效只是公司绩效的一个方面，它并不能描述公司的整体绩效。因此，Zhao等[28]的研究认为企业慈善不一定会直接影响某一时期的财务绩效。然而，通过先前提出的路径，如积极的客户关系、政府支持和高员工认同，它可能会促进企业竞争力（一种更包容的企业绩效，包括财务绩效、市场绩效、创新绩效等）[26,36]。因此，Zhao 等[28]的研究提出，企业慈善与 RCP 存在正向关系。

2. 组织层面 OCB 的中介作用

许多学者用信号理论来解释企业伦理对求职者的影响[3,37]。由于信号理论处理的是双方之间的信息不对称，因此组织中的员工也可能会遇到信息不对称的情况。公平启发式和不确定性管理领域的文献表明，员工经常面临令人不安的不确定性水平，因此倾向于搜索信息来判断他们的雇主。因此，企业对外部利益相关者的伦理行为也成为员工评估组织的重要信号[38]。

由于企业倾向于宣传他们开展的伦理活动，因此企业慈善信息很容易获得，尤其是在员工中。这种伦理信号可能通过以下机制影响员工。第一，它帮助员工高度评价他们雇主的伦理水平。员工倾向于认同他们的组织并感到荣幸，尤其是那些关心慈善事业的人。这些积极的态度导致了 OCB 的增加[3]。第二，雇主对待他人的伦理方式可以成为员工待遇的指标[7]。鉴于企业慈善传播了关于组织公正的积极信息，员工倾向于认为他们的组织将公平对待他们，关心他们的福祉[37]，从而使员工将增加 OCB 作为回报。第三，伦理信号可以促进员工的伦理学习，即组织可以成为员工的榜样。企业慈善传递了一个伦理信号，即该组织提倡伦理行为。作为这些信号的信息接收者，员工可能会提升他们的伦理水平，并在其组织中进行更多的 OCB。综上所述，企业高慈善行为的伦理信号可以通过组织认同、第三方信息的组织公正和社会学习促进员工的 OCB。

个体 OCB 的提升将会提升组织整体的 OCB，即组织层面的 OCB。一方面，由于组织中有大量的员工参与 OCB，故组织层面的 OCB 会得到加强。另一方面，中国有句古话“近朱者赤近墨者黑”，也就是说，一个人会受到周围人的影响。在一个组织中，个人经常通过观察他人的行为来学习和进行相关行为。因此，一些个体的 OCB 改善也会促进其他人的 OCB，从而增强组织层面的 OCB。

OCB 与绩效的正相关关系在个人、团队和企业层面都进行了研究[35]。OCB 可以增加员工的忠诚努力（如自愿做得更多、更好）和公民美德（如提供有用的建议、保护组织）。此外，对同事的 OCB 通常是基于同事的工作需要，从而优化整体效率和公司绩效。然而，有一种前后矛盾的观点认为，帮助他人会分散自己的注意力，因而可能会损害个人绩效[39]。考虑到 Zhao 等[28]的研究关注的变量是嵌入企业层面的，该研究认为组织的整体绩效提高了，尽管某些个人的绩效可能会有潜在下降。此外，OCB 水平高的组织与高水平的凝聚力、学习导向和支持/信任氛围相关，这些都与组织绩效呈正相关。因此，Zhao 等[28]的研究提出，组织层面的 OCB 与 RCP 之间存在着正向关系。总体而言，Zhao 等[28]的研究认为企业慈善倾向于增加员工的 OCB，而整个 OCB 的改善则预示着绩效的提升。

3. 工作家庭平衡实践的调节作用

学者们认为，CSR 可以成为组织第三方正义感知的来源，但该战略的内部组成部分除外（即对员工的 CSR）[7]。因此，企业对外部利益相关者的慈善有助于定义组织的第三方正义[7]。相反，WLBP 包括正式和非正式的组织实践，如灵活的工作选择和对家庭的经济支持，它们支持员工同时履行其工作和生活角色[40]。这些对员工友好的做法不是劳动法所要求的，因此可以被视为雇主对员工的伦理行为。WLBP 可以成为员工第一方伦理线索的来源，因为这些做法带有组织对员工的态度[41]。员工可以通过 WLBP 确定雇主如何以伦理的方式对待他们。

根据先前的研究[7]，第一方（即向内看）和第三方（即向外看）线索分别起作用是不切实际的。Zhao 等[28]的研究利用线索一致性理论来解释前两种伦理线索是如何共同影响员工的。根据线索一致性理论，多重线索来源在提供确证信息时比提供不同信息时更有用[30]。当关于一个实体的两个线索是一致的时，它们对个体的影响比不一致的线索更强。相比之下，在多重线索传递不一致信息的情况下，个体更倾向于关注消极信息而不是积极信息，且认为前者更有用[42]。

如前所述，企业慈善向员工传递了一种伦理信号[3, 37]。这种伦理信号通过促进员工对组织的伦理认同、充当第三方正义线索和促进员工伦理学习，从而增加员工的 OCB。总的来说，企业慈善鼓励员工对其组织表现出更多的伦理行为[3]。然而，当他们的组织的 WLBP 水平较低时，例如，很少关心员工的家庭，在工作场所不提供或提供较差的健身等附属设施，不为员工需要提供经济支持，如住房抵押贷款援助和子女学费报销等，他们倾向于相信这种负面信号，而不是来自企业慈善的积极暗示。其原因在于，当多重线索不一致时，负面信息比正面信息更有说服力[42]。来自低 WLBP 的负面和不一致的提示可能会导致作为组织公正评价信息的第三方线索失效。此外，企业对内部和外部利益相关者的行为不一致可能导致员工感知到组织伪善，尤其是当组织对待外部利益相关者比内部利益相关者更好时[43]。员工很难认同进行虚伪慈善的组织，然后做出负面反应。因为一个组织的伦理形象被破坏时，社会学习也不会发生。因此，Zhao 等[28]的研究认为低水平的 WLBP 通过阻碍第三方正义评估、组织伦理认同和社会学习等潜在过程，阻碍了企业慈善与 OCB 的正向关系。考虑到企业慈善通过员工 OCB 影响整个组织的 RCP，低水平的 WLBP 也可能阻碍企业慈善通过 OCB 影响 RCP 的中介过程[28]。

相比之下，当一个组织通过高水平的 WLBP 向员工传达积极的信号时，员工倾向于持有积极的印象，认为雇主关心他们，会以符合伦理的方式对待他们[41]。在这种情况下，企业慈善将导致员工对组织的道德认知增加，因为第三方线索（即企业慈善）和第一方线索（WLBP）提供了一致的伦理信息[42]。增强的组织伦理观念倾向于提高员工的 OCB[3]，从而促进组织绩效。

综上所述，Zhao 等[28]的研究提出，WLBP 增强了企业慈善与组织层面的 OCB 之间的正向关系。组织层面的 OCB 在 WLBP 对企业慈善与 RCP 关系的调节作用中起中介作用。

3.2.2　研究结果与意义

1. 研究结果

Zhao 等[28]的研究向中国的 311 家企业发放问卷，收到了 184 家企业的回复（回复率为 59.16%）。研究要求首席执行官提供他们的人口统计数据、公司基本信息以及相对竞争绩效的衡量标准；人力资源经理对企业慈善和 WLBP 进行评估；一线员工被要求报告组织层面的 OCB。在剔除不合格数据之后，最终收集了来自 145 家公司的 1623 个一线员工、145 名 CEO 和 145 名人力资源经理的回复。因此，最终样本的回复率为 46.62%，平均每家公司的一线员工受访人数为 11.19 人。

数据分析的结果表明，企业慈善传递了一种伦理信号，增加了组织层面的 OCB，进而促进企业的相对竞争绩效。根据线索一致性理论，只有在工作家庭平衡实践水平较高的情况下，企业慈善才会对员工产生显著的正向影响。具体来说，当组织通过高水平的 WLBP 来传达伦理线索时，其员工对企业慈善的反应更积极，并进行更多的 OCB。相比之下，当工作家庭平衡实践水平较低时，由于线索的不一致性，企业慈善对员工的 OCB 没有促进作用。综上所述，只有当组织的工作家庭平衡实践水平较高时，企业慈善才能通过组织层面的 OCB 来促进企业的相对竞争绩效。

2. 理论意义

首先,Zhao 等[28]的研究通过揭示连接宏观层面的企业伦理和企业绩效的微观过程来扩展企业伦理研究。现有文献调查了上述关系的中介过程,但是主要集中在外部利益相关者的力量方面,如消费者和投资者,对内部和微观过程中介的关注有限[35]。鉴于大多数组织问题涉及多层现象,如果研究只在一个孤立的层面上,理解这些问题几乎是不可能的[7]。Zhao 等[28]的研究提到,通过微观过程(即员工态度和行为)将宏观企业道德与企业财务绩效联系起来的唯一尝试来自 Chun 等人[35]。遗憾的是,由于某些潜在的原因,集体组织承诺与 OCB 的中介并没有得到严格统计角度的数据支持,尽管这种中介具有巨大的理论合理性。Chun 等[35]提出的一个基本方法是变量的测量。因此,应该进一步研究企业慈善和企业绩效之间潜在的微观基础[26,35]。通过引入更具包容性的绩效指标和更全面的 OCB 指标,Zhao 等[28]的研究显示了积极的结果,并揭示了企业慈善可以通过促进员工的组织层面的 OCB 来提高 RCP。Zhao 等[28]的研究从微观过程的角度解释了企业伦理和绩效之间的宏观关系,从而对现有的文献做出了贡献。

其次,Zhao 等[28]的研究通过整合外部导向和内部导向的企业战略线索,扩展了企业伦理和人力资源管理文献中的线索一致性理论。企业伦理和人力资源管理实践都被独立地作为组织信号进行研究[38,41]。然而,很少有研究探讨这两种线索对员工的综合效应。以往研究人员试图将企业伦理战略和伦理人力资源管理联系起来[3],提出人力资源管理对员工如何理解和实施企业道德有重要影响。然而,只有有限的实证研究在这一领域进行,且研究者没有从线索一致性理论的视角考虑。根据信号和线索一致性理论,Zhao 等[28]的研究表明,外部利益相关者(企业慈善)和员工(WLBP)需要战略一致性,以培养员工 OCB,进而实现卓越绩效。相比之下,两种组织层面的活动不协调地捆绑在一起(如发展良好的 CSR 与糟糕的人力资源管理)，不会产生积极的结果。

此外，通过引入 WLBP 作为调节变量，Zhao 等[28]的研究还补充了以往研究对企业伦理与绩效关系的偶然性因素的普遍忽视[26]。Rupp[7]的多元经验模型认为，对于身处复杂组织环境中的员工来说，内部(第一方)和外部(第三方)视角是非常重要的。通过整合第一方和第三方信息源，Zhao 等[28]的研究发现企业慈善通过组织层面的 OCB 对 RCP 的间接影响取决于 WLBP。具体来说，只有当组织执行高水平的 WLBP 时，间接影响才显著。Zhao 等[28]的研究结果还提出了公平启发式理论的边界，这意味着第三方信息可以作为整体公正评估的线索。在第一方信息容易获得的情况下，第三方信息的有效性在很大程度上取决于它是否与第一方感知的信息一致。

最后，Zhao 等[28]的研究提供了更多的实证证据来证明企业慈善与企业绩效之间的正相关关系，并使用比常用的公司绩效更具包容性的衡量标准(包括财务和非财务方面)来测试这种关系。企业慈善与企业绩效之间的联系已经被研究了很长时间，但仍然没有定论。许多研究发现了企业伦理对公司绩效的积极影响，而其他人则没有，甚至提出存在负面影响[26,34-35]。更重要的是，现有的大多数研究都采用了公司财务绩效作为结果变量，忽略了这种测量的潜在局限性。财务绩效只是公司绩效的一个方面，公司可能会牺牲短期财务绩效来换取其他方面的绩效，比如创新绩效。在 Zhao 等[28]的研究中，RCP 既包括财务项目(如净利润和销售额)，也包括非财务项目(如新产品/服务开发和生产能力)。此外，经常使用的财务绩效概念受到许多外生因素(特别是行业相关因素)的影响，因此任何一个预测变量都可能只能解释很小一部分方差。至少这些外生因素中有一部分是由 RCP 测量控制的，因为相近的竞争对手可能会以类似的方式经历这些外生影响。因此，Zhao 等[28]的研究为伦理-绩效文献提供了重要的实证证据。

3. 实践意义

Zhao 等[28]的研究提供的证据表明，企业慈善与 RCP 呈显著正相关,这为那些徘徊在道德和绩效之间的雇主提供了直接的指导,即对外部利益相关者的慈善行为最终会得到回报。先前的研究发现,相信企业伦理与绩效之间的正相关关系会导致 CSR 参与的增加趋势[27]。因此,Zhao 等[28]的研究发现可能会提高雇主的社会表现。

Zhao 等[28]的研究揭示了员工在企业慈善与 RCP 关系中的重要作用。全体员工的 OCB 在企业慈善与 RCP 的正向关系中起中介作用。也就是说,企业慈善可以通过提高员工的整体 OCB 来提高企业绩效。因此,组织在进行慈善行为时,不应忽视员工的作用。通过实施慈善行为并与员工进行沟通,可以提升员工的整体 OCB。

基于线索一致性理论,Zhao 等[28]的研究发现 WLBP 可以作为企业慈善-组织层面 OCB -绩效这一过程的边界条件。特别是,当组织的 WLBP 水平较低时,企业对外部利益相关者的慈善行为将不再对员工产生积极影响。因此,如果雇主希望员工对企业慈善事业做出积极的反应,就必须非常小心地对待员工。除了 WLBP 外,其他围绕员工的组织环境(如领导者的道德)也会影响与公正相关的信息处理过程,它们也可能影响员工对企业慈善事业的反应。因此,雇主应该控制其他环境对员工对企业慈善事业的评价和反应的负面影响;否则,对外部利益相关者做好事不会导致良好的员工行为。

4. 未来研究展望

第一,Zhao 等[28]的研究使用横截面数据,因而不能验证因果关系。尽管从理论层面,该研究所验证的关系是得到了理论支持的。因此,未来研究可以采用纵向设计的方法来分析企业慈善与企业公益行为之间的直接和间接关系。

第二,Zhao 等[28]的研究的因变量为企业绩效感知。RCP 是一个相对全面的企业绩效衡量指标,这很大程度上屏蔽了许多外生因素的干扰。然而,这种主观的测量方法不如客观的测量方法稳定和客观。CEO 在评价公司绩效时可能存在夸大效应。虽然外部效度测试表明主观测量对 Zhao 等[28]的研究结果没有损害，但作者仍呼吁未来的研究采用客观绩效来检验这一被调节的中介路径。同样，Zhao 等[28]的研究的自变量是由人力资源经理的感知来衡量的。公司的行为和他们向他人表达的内容之间可能存在差异。因此，作者建议未来的研究可以探讨企业言语和行为之间的不一致性及其对员工反应的影响。

第三，大多数学者认为企业伦理/慈善行为会导致员工的 OCB。在探索企业慈善与企业绩效之间的微观过程时，OCB 是 Zhao 等[28]的研究首先考虑的因素。除了角色外行为外，角色内行为也可能在企业慈善行为与企业绩效之间起到中介作用。此外，员工的情绪和态度，如情绪耗竭、压力、无聊，以及感知到的与慈善相关的战略契合度，也可能是企业伦理和企业绩效之间的微观路径。因此，作者呼吁未来的研究探索其他微观基础，如角色内行为和心理学变量，以解释企业道德与企业绩效之间的宏观层面的关系。

第四，员工对组织伦理的看法和反应是与组织环境互动的结果[7]。Zhao 等[28]的研究探索了企业行为（即企业慈善和 WLBP）对员工和组织绩效的影响，但没有考虑其他因素（如领导力）的潜在影响。由于领导者与员工的 OCB 和绩效之间存在关联，因此忽视领导者的角色可能会对结果产生影响。因此，作者建议未来的研究调查企业行为和领导对员工的交互影响。此外，Zhao 等[28]的研究没有控制许多可能对员工 OCB 有影响的其他变量。因此，作者呼吁未来的研究者进行更严谨的研究，考虑更多可能影响 OCB 的控制变量。

3.3 企业志愿服务氛围与员工行为

作为一项 CSR 活动，企业志愿服务是对有需要的事业和社区表示关心和同情的重要渠道。据相关数据，约 90%的世界 500 强企业都有志愿者项目。企业志愿服务为个人、社区和公司提供了许多好处，但也带来了一些挑战。例如，一些员工可以通过提高士气从这种志愿服务中受益，但其他人可能在平衡志愿服务、工作和家庭需求方面存在困难。因此，为什么同样的企业志愿活动会增加一些员工的工作投入，但会引发其他员工的工作家庭冲突呢?

迄今为止，关于志愿服务的有限研究主要探讨志愿服务在个体层面对志愿者的影响。然而，员工对组织层面的企业志愿服务的反应仍不清楚。最近的研究将志愿服务的概念扩展到组织层面，提出了企业志愿服务氛围的概念，指的是通过企业的志愿者服务项目，员工对企业作为一个整体把时间和才能奉献给志愿者服务团体的共同感知[44]。这种志愿气氛反映了员工作为一个整体为志愿组织贡献他们的时间和技能的程度[45]。例如，英特尔公司的职员们通过“志愿者爱心教育工程”，分享自己的时间和才能，帮助志愿者团体。同样，阿里巴巴的每一位员工每年都要通过阿里巴巴的“公益三小时”项目，参与三小时的志愿者服务，这成为阿里人工作以外的关键绩效指标（KPI）。企业志愿服务氛围作为一种渠道，通过这种渠道，志愿服务的概念影响所有员工，无论他们是否参与[44]。

企业的志愿服务氛围对员工来说是好处还是负担？现有研究探讨了为什么企业志愿气氛对情感承诺和志愿意愿有积极影响[44]。然而，这些研究在两个方面仍然有限。首先，以往的研究并没有对企业志愿服务氛围如何以及何时影响员工积极工作行为作出明确的解释，这限制了对企业志愿服务氛围的理论理解。其次，之前关于志愿服务的研究绝大多数都是积极的。最近的研究表明，在某些情况下，企业志愿服务氛围可能有其阴暗面[45]。学者们还呼吁采用一种公正的观点来理解人类行为。基于这种平衡的观点，Zhang 等[46]的研究同时探索了企业志愿服务氛围的回报和潜在风险。该研究关注员工的工作投入和工作家庭冲突，因为它们反映了员工对工作和非工作领域的企业志愿气氛的有利和不利的行为反应。解决这些问题很重要，因为它不仅为理解企业志愿服务环境的双刃剑性质提供了一个更好的全面框架，而且为改变学者之间的共识提供了机会，同时这也表明，企业志愿环境的作用可能超出了工作场所的范围。下面将详细介绍 Zhang 等[46]的研究。

3.3.1 研究内容

企业志愿服务氛围如何产生积极和消极影响？为了回答这个问题，Zhang 等[46]的研究借鉴了资源保存理论[47]，该理论提供了资源建设和资源损耗两种机制，可以分别解释企业志愿服务氛围对员工工作投入和工作家庭冲突的影响。作为一种情感反应，积极情绪捕获了资源建设的动态，因为它反映了在企业志愿服务环境中产生的心理和情感收益[48]。相反，作为一种认知反应，感知的角色过载捕捉了资源消耗的动态，因为它反映了一种缺少满足角色需求的资源的感知[49]。Zhang 等[46]的研究将资源保存理论引入志愿服务领域，并解释了企业志愿服务氛围如何导致员工在工作和非工作领域的福利和负担。

什么时候企业志愿活动氛围会产生不同的影响呢？Zhang 等[46]的研究利用了人-环境匹配理论来回答这个问题。学者们呼吁探索为什么个人因素会影响个人体验 CSR 的不同方式[50]，因此该研究将个人导向——特别是社区导向和竞争导向——作为影响企业志愿服务氛围效果的因素。社区导向作为一种公共价值观，使员工感知到企业志愿服务氛围中的价值契合，从而产生积极影响。然而，竞争导向作为一种工作导向和自我中心价值观，导致员工在企业志愿服务氛围中倾向于感知到价值不匹配，并产生负面影响。在这样做的过程中，该研究也响应了探索企业志愿环境对员工有益或有害的边界条件的呼吁[44]。

资源保存理论的核心宗旨是个人始终试图保护他们现有的资源和建立新的资源。根据资源保存理论的“资源商队通道”(resource caravan passageways)原则，人的资源存在于培育和养育或限制和阻碍资源创造和维持的生态条件中[51]。组织和更广泛的文化在这一过程中发挥了重要作用。根据这一理论，组织环境，如企业志愿气氛，可以产生或消耗个人资源。

1. 企业志愿服务氛围的有利影响

积极情绪是指专注于工作场所的特定情境（如企业志愿活动氛围）而产生的相对强烈的情感体验。学者们将积极心理学的观点扩展到资源保存理论模型中，发现积极情绪会产生员工可以使用的各种资源[52]。基于资源保存理论，Zhang 等[46]的研究认为企业志愿服务氛围可以通过积极情绪影响员工的工作投入。

首先，企业志愿服务氛围可以提高员工的积极情绪，因为它可以触发资源建设过程。资源保存理论指出，资源是人们重视的事物，如积极的感觉、对他人有价值的感觉和有意义的存在。根据资源保存理论，积极的工作事件或组织环境可以通过满足人类的基本需求来触发资源建设（如积极情绪）过程[51]。根据这一理论，企业志愿服务气氛作为一种积极的工作环境，可以通过满足人类的基本需求（如有意义的存在）来触发积极情绪。企业志愿服务氛围反映了志愿服务是人们在这里做的事情的感觉，这表明公司对更大的社会利益负责，并考虑其成功的社会后果。它为员工提供了使他人受益、与他人联系和提高自尊的机会，它还使员工获得一种意义感。因此，体验企业的志愿服务氛围可能会满足员工的基本需求，并激发员工的积极情绪。根据这一观点，实证研究表明，当员工认为自己的工作对他人的幸福有积极影响时，员工可以从工作中获得积极情绪反应（如热情和自豪）。

其次，积极情绪会增加工作投入。工作投入是一种积极的、与工作相关的积极心理状态，由认知、情绪和行为能量的强度和方向操作。根据资源保存理论的资源投资原则，员工必须投资资源以防止资源损失，并获得额外的资源[51]。工作资源经常再投资于工作场所。研究表明，积极情绪产生身体、智力和心理资源[52]。因此，拥有积极情绪的员工倾向于通过提高工作投入来将这些资源重新投入他们的工作中。综上所述，企业志愿服务氛围会创造资源，这些资源可以通过改善员工的积极情绪，重新投入工作中。

2. 企业志愿服务氛围的不利影响

尽管有获得资源的潜力，但企业志愿服务的氛围会让个人感到有压力，从而耗尽个人资源。感知角色过载是一种心理压力，当员工在一个域内拥有多个角色，并且认为自己没有必要的资源来满足角色的所有要求时，就会发生感知角色超载。基于资源保存理论，Zhang 等[46]的研究认为企业志愿服务氛围会通过感知角色过载来影响员工的工作家庭冲突。

首先，企业志愿服务氛围会让员工感到角色过载。志愿服务作为一种时间依赖性的活动，会分散员工在追求工作目标上的精力和时间。资源保存理论指出，精力和时间是员工最稀缺的资源之一。根据资源保存理论，当环境条件耗尽或威胁到个体有限且有价值的资源时（即实际或预期的资源损失），个体会经历压力并遭受资源损耗[51]。根据这一理论，感知角色过载反映了资源枯竭的状态。企业志愿服务氛围期待并鼓励员工将他们稀缺的资源（如时间和精力）用于执行额外的任务（如志愿服务）。为了达到这些期望，员工需要投入更多有价值的资源。因此，企业的志愿服务氛围威胁和消耗了员工有限的资源，使员工感到角色超负荷。此外，员工通常扮演两种角色：工作人员角色（即员工的正式职责）和组织成员角色（即个人期望成为一名好员工）。企业的志愿服务氛围也希望员工成为“好公民”。这种氛围可能会给员工造成从众压力，使员工不得不从事志愿行为。因此，企业对员工的过度要求会让员工产生角色过载的感觉。

其次，感知角色过载会增加工作家庭冲突。工作家庭冲突是角色间冲突的一种形式，即来自工作和家庭领域的角色压力在某些方面是互不相容的[53]。资源保存理论为溢出过程提供了一些见解，并可用于为角色过载和工作家庭冲突之间拟议的溢出关系提供理论基础[51]。根据这一理论，当个体经历资源损失时，他们会进行防御性尝试，以保护剩余资源不受进一步损失[51]。处理感知的角色过载会消耗员工的心理资源。根据资源保存理论，当员工感知到角色过载时，他们会试图通过减少在家庭领域的资源投入来保护自己的资源，从而增加工作家庭冲突。之前的研究也支持这一论点，花费更多的资源来满足繁重的工作，会使一个人用于满足家庭需求的资源减少，从而导致工作家庭冲突。

综上所述，企业志愿服务氛围可能会让员工觉得自己的角色超负荷了，留给他们的非工作资源更少，所有这些都会引发工作家庭冲突。

3. 个体导向的跨层调节作用

虽然资源保存理论概述了企业志愿服务氛围如何给员工带来利益和负担，但该理论没有说明企业志愿服务氛围何时以及为何会触发资源建设和资源消耗过程。为了进一步解决这一问题，Zhang 等[46]的研究借鉴了个体-环境匹配理论，并将该理论与资源保存理论相结合。个体-环境匹配理论表明，与组织特征匹配或不匹配的个体特征影响个人对工作环境的反应，如企业志愿服务气候。该理论与资源保存理论相似，它也认识到人格特质在影响个体对工作环境的反应方面的重要作用。综合这两种理论，Zhang 等[46]的研究认为，社区导向和竞争导向尤其与工作环境是否被解释为加速资源的获得或损失有关，并可能对企业志愿服务氛围的影响产生作用。

首先，具有企业志愿服务氛围的组织和具有社区导向的员工共享一致的价值观。员工与组织之间的价值契合使得员工更加关注资源获取，进而放大了企业志愿服务气氛对积极情绪的积极作用。从个体-环境匹配理论的观点来看，人的特征（如价值观）与其工作环境之间的匹配对个人有积极的影响，包括他们的积极情绪。根据这一理论，企业志愿服务氛围与员工社区导向的匹配可以激发员工更多的积极情绪。一方面，社区导向是指个体对社区的责任感[54]。具有社区导向的员工倾向于帮助有需要的人，更注重提高社会福利。对于这些员工来说，对他人有价值和有意义的存在是更有价值的资源。另一方面，有志愿服务氛围的公司可以满足这些员工的基本需求，如感到对他人有价值、有意义的存在。当社区导向较强的员工遇到具有志愿服务氛围的公司时，他们会体验到与这些公司更大的价值契合，并更关注企业志愿服务氛围的资源获取效应，从而产生更积极的情绪。

其次，具有竞争导向的员工与具有企业志愿服务氛围的组织之间的价值不匹配，使员工倾向于关注资源损失，从而放大了企业志愿服务氛围对感知角色过载的不利影响。竞争导向是指个体将他人视为自我发展和自我价值体现的一种手段的观点[55]。具有竞争导向的员工往往注重自我发展，渴望在工作中比别人做得更好[55]。这些员工较少关注他人和社会的福祉，更多关注追求自身利益，他们甚至背弃集体利益。然而，一个企业的志愿服务氛围鼓励员工参与志愿活动，这可能会干扰员工工作目标的达成，迫使员工参与社区活动。基于个体-环境匹配理论，员工与工作环境之间的价值不匹配导致员工心理紧张，并产生负面结果。因此，具有竞争导向的员工可能会觉得企业的志愿服务氛围与他们的价值观不匹配；反过来，他们可能会消耗资源来处理这些不一致的价值观和目标，从而给他们带来更大的精神压力（如感知到的角色过载）。

同时，具有竞争导向的员工对企业志愿服务氛围中稀缺资源的流失也非常敏感，因此更容易感到角色超负荷。对于具有竞争导向的员工来说，能源资源（如时间和技能）是更有价值的资源。公司（如通过企业志愿环境）和具有竞争导向的员工自身对员工的过度要求会使这些员工感到更大的角色过载[56]。基于这一观点，学者们还发现，专注于工作的员工往往难以平衡多个角色的需求[57]。对于具有竞争导向的员工来说，企业志愿服务氛围构成了一种威胁和压力，这使得这些员工以角色过载的形式感受到更大的压力[58]。因此，具有竞争取向的员工更注重企业志愿服务氛围的资源消耗效应，因此更容易感知到角色过载。

4. 调节的中介作用

根据资源保存理论，Zhang 等[46]的研究认为积极情绪在企业志愿服务氛围与工作投入之间起到中介作用。根据个体-环境匹配理论，该研究假设社区导向会加强 CSR 与积极情绪之间的关系。同时，社区导向水平越高，企业志愿服务气氛对积极情绪的正向作用越强，工作投入也越高。

同样，Zhang 等[46]的研究认为，感知的角色过载在企业志愿服务氛围和工作家庭冲突之间起到中介作用。该研究假设竞争导向加强了 CSR 与感知角色超负荷之间的关系。反过来，该研究认为竞争导向水平越高，企业志愿服务氛围对感知角色超负荷和工作家庭冲突的积极影响越强。

3.3.2 研究结果与意义

1. 研究结果

Zhang 等[46]的研究进行了两时段时滞研究。在第一阶段，研究者要求员工评估他们公司的企业志愿服务氛围，并描述他们的社区导向、竞争导向、积极情绪和感知的角色过载。这一阶段收到了来自 45 家公司的 310 份回复，回复率为 88.57%。一个月后，研究者要求员工评估他们自己的工作投入和工作家庭冲突，有 292 人回复了此轮调查。在剔除不完整问卷之后，该研究最终获得了来自 42 家公司的 283 名员工的回复。

Zhang 等[46]的研究采用 Mplus 7.11 进行统计分析，结果表明，积极情绪在企业志愿服务氛围与工作投入之间起到中介作用，而感知角色过载在企业志愿服务氛围与工作家庭冲突之间起到中介作用。员工社区导向调节了企业志愿服务氛围与积极情绪之间的正向关系，而竞争导向则调节了企业志愿服务氛围与感知角色过载之间的正向关系。社区导向调节企业志愿服务氛围通过积极情绪对工作投入的间接影响，而竞争导向调节企业志愿服务氛围通过角色过载对工作家庭冲突的间接影响。

2. 理论意义

第一，Zhang 等[46]的研究是首次将企业志愿服务氛围与积极和消极的员工结果（工作投入和工作家庭冲突）联系起来的研究之一，这扩展了对企业志愿服务氛围极其有限的理解。以往研究集中在个体志愿者，对企业的志愿服务氛围知之甚少。到目前为止，只有 Rodell 等[44]发展了企业志愿服务氛围的构建，并探索了企业志愿服务氛围如何影响员工的积极态度。然而，迄今为止，很少有研究探讨企业志愿服务氛围是否会导致消极结果，以及为什么企业志愿服务氛围会产生有利和有害的结果。Zhang 等[46]的研究通过挑战企业志愿服务氛围普遍是积极的这一共识来促进文献的发展。通过采取好坏参半的方法，Zhang 等[46]的研究扩展了目前对企业志愿服务氛围对员工是有益还是有害的理解，并表明企业志愿服务氛围的影响比之前预期的更加微妙和重要。

Zhang 等[46]的研究采取多层次的方法，以弥合微观和宏观差距，同时识别 CSR 的积极面和阴暗面，进一步为 CSR 文献做出贡献。迄今为止，CSR 研究主要集中在宏观层面（即制度和组织）分析[2]。最近，学者们关注微观层面的 CSR 研究，特别是一般的 CSR 研究，并认为 CSR 是一种工具，以提高员工在工作场所的积极态度和行为结果[50]。这反映了管理研究中的意识形态倾向于支持 CSR[3]。然而，很少有理论或研究探讨 CSR 在非工作领域对员工消极结果（尤其是工作家庭冲突）的影响。此外，很少有学者探索将分离的微观和宏观整合在一起的多层次研究[2]。Zhang 等[46]的研究采用跨层面的研究方法，考虑组织层面的企业志愿服务氛围和个体层面的员工导向对个体层面的结果的影响，以弥合微观和宏观的差距。Zhang 等[46]的研究发现有助于 CSR 研究从传统的商业案例转向对软标准的系统检查，特别是员工在非工作领域的工作家庭冲突，并增强对具体 CSR（企业志愿服务氛围）阴暗面的理解。

第二，Zhang 等[46]的研究提出了一个资源构建和资源消耗过程的框架，以探索组织层面的企业志愿服务氛围影响个体层面员工工作和非工作行为的不同方式，从而对资源保存理论做出贡献。以往关于企业志愿服务氛围与员工绩效关系的研究主要集中在社会认同理论方面。然而，这一理论并不能解释为什么企业的志愿服务氛围能够同时激发员工的积极和消极反应。Zhang 等[46]的研究基于企业志愿服务氛围文献中的一个新理论视角——资源保存理论。具体而言，以往的研究大多强调个人如何在个人层面上保护和获取资源，但往往忽略了组织和更广泛的文化如何影响个人资源[51]。Zhang 等[46]的研究将资源保存理论扩展到企业志愿服务领域，并将企业志愿服务氛围作为一个重要的组织环境，涉及资源建设和资源消耗过程，从而丰富了资源保存理论的范围。现有的使用资源保存理论的研究一般集中在资源建设或资源消耗过程[48]。通过同时建模这两个与资源保存相关的过程，Zhang 等[46]的研究响应了对两种机制建模的呼吁[59]。Zhang 等[46]的研究发现证实了情感（即积极情绪）和认知反应（即感知角色过载）是资源构建和资源消耗的过程，通过这些过程，企业志愿服务氛围影响了员工的结果。因此，Zhang 等[46]的研究通过揭示企业志愿服务氛围如何影响员工在工作和非工作领域的资源和结果，并形成对企业志愿服务氛围的风险和回报的深入全面的理解，为资源保存理论做出了贡献。

第三，通过整合资源保存理论与个体-环境匹配理论，Zhang 等[46]的研究对个体-环境匹配理论做出了贡献，揭示了企业志愿服务氛围对什么样的员工能够触发资源建设和资源消耗过程，进而影响员工的积极和消极结果。以往的研究主要集中在企业志愿服务氛围对员工结果的影响及其中介机制方面[44]。然而，他们对边界条件的关注有限。通过将个体-环境匹配理论引入企业志愿服务领域，并将社区导向和竞争导向作为企业志愿服务氛围产生不同效应的关键边界条件，Zhang 等[46]的研究拓展了个体-环境匹配理论的适用范围。Zhang 等[46]的研究是首批强调企业志愿服务氛围的不同影响取决于员工的社区或竞争取向的研究之一，因此回应了学者们探索情境和个人特征之间相互作用的呼吁。通过整合个体-环境匹配理论和资源保存理论，Zhang 等[46]的研究揭示了相同的企业志愿服务氛围如何以及何时产生不同的影响。特别是，个体-环境匹配理论提供了一个多层次的个体-环境交互框架，帮助解释情境因素和个体因素的交互作用是否会影响员工的结果。然而，这一理论对于员工与环境之间的互动如何给员工带来利益和负担却保持沉默。资源保存理论提供了资源建设和资源消耗过程，以帮助理解企业志愿服务氛围如何以及为什么可以为员工带来收益和成本。这两种理论的结合揭示了为什么相同的企业志愿服务氛围可以帮助或负面影响不同的员工。因此,Zhang 等[46]的研究为进一步探索企业志愿服务氛围与个体特征之间的相互作用提供了催化剂。

第四,Zhang 等[46]的研究通过采取权变方法来扩展现有的企业志愿服务氛围相关研究,为学者们提供了关于企业志愿服务氛围何时对工作和非工作领域的员工有利或有害的初步见解,从而对多个领域的文献做出了贡献。这种溢出效应显著拓宽了企业志愿服务氛围的重要性和范围[44]。Zhang 等[46]的研究采用多个领域的视角来探索志愿服务、工作和家庭领域的交叉,有助于工作和非工作溢出文献。

3. 实践意义

虽然企业志愿服务的做法在全球普遍存在,但管理人员并不清楚这种做法的后果。对许多组织来说,在实践中实施这种志愿服务战略仍然是一项持续的挑战,特别是在遇到突发公共卫生事件(如疫情的挑战)时。管理者往往对如何集中精力和投资来创造最成功的环境非常感兴趣。Zhang 等[46]的研究有以下几点启示:

第一,Zhang 等[46]的研究表明,企业志愿服务氛围提高了员工的工作投入,包括志愿者和非志愿者。企业并不需要所有的员工都参加志愿活动,只要培养这种氛围就能获得志愿服务活动的好处。为了培养这种氛围,管理者应该制订符合员工价值观和兴趣的志愿活动计划,并实施各种措施来鼓励员工参与志愿服务。例如,管理者应该在招聘和选拔时优先考虑与组织价值观相匹配的员工,并在绩效考核、升职加薪中认可和奖励志愿服务行为。管理者应通过各种方式(如企业论坛、内部报告和培训等方式)向员工传达有关企业志愿服务活动的信息,从而让员工感受到企业对志愿者的认可。企业也可以为员工创造与志愿服务项目的受惠人联系的机会,帮助员工了解企业志愿服务如何改善了受惠人的生活也是一种非常有用的方式。

第二,尽管企业志愿服务氛围带来了好处,但 Zhang 等[46]的研究发现提醒人们注意企业志愿服务氛围在非工作领域的潜在风险。澄清一下，Zhang 等[46]的研究并不是建议管理者应该避免在工作场所创造企业志愿服务的氛围。相反，Zhang 等[46]的研究建议管理者必须认识到并管理与企业志愿服务氛围有关的工作家庭冲突的风险。例如，在疫情防控期间，武汉很多出租车公司的员工加入了志愿者队伍，自愿送医务人员回家。然而，他们不得不与家人隔离，不能照顾自己的孩子。因此，在企业志愿服务氛围中，企业应更好地实施监测员工认为自己的角色超负荷的方案，并制定更有效地缓解战略，以减少工作与家庭的冲突。例如，公司应该采取有针对性的培训干预和有效的压力管理（如提供心理援助和正念冥想练习），以及系统性的措施（如灵活的工作时间，有利于家庭的时间表或远程办公）。为减少工作与家庭的冲突，企业应避免强迫员工参加志愿活动，鼓励员工向配偶和家人传达志愿活动的意义，并为参与志愿服务的员工家属提供必要的帮助和支持。

4. 未来研究展望

第一，未来的研究可以测试文化价值观在员工对企业志愿服务氛围感知中的作用，并使用跨文化数据来增加研究结果的普遍性。第二，未来的研究可以使用主观和客观的测量方法（如使用 FaceReader）来检测员工的实时情绪状态和离散情绪。第三，未来的研究可以通过考虑其他机制来拓宽对于企业志愿服务氛围的理解。第四，未来研究有必要探索其他变量的调节作用。例如，测试个人道德是否能缓和企业志愿服务氛围与员工行为之间的关系，将是一项有价值的工作。

本章要点

- CSR 的概念以及研究现状与不足
- CSR 与员工建言、反生产行为的关系
- 企业慈善与企业绩效的微观基础
- 企业志愿服务氛围的利与弊

本章参考文献

[1] AGUINIS H. Organizational responsibility: Doing good and doing well[J]. APA Handbook of Industrial and Organizational Psychology,2011(3):855－879.

[2] AGUINIS H, GLAVAS A. What we know and don't know about corporate social responsibility: A review and research agenda[J]. Journal of Management, 2012, 38(4): 932－968.

[3] GOND J P, EL AKREMI A, SWAEN V, et al. The psychological microfoundations of corporate social responsibility: A person-centric systematic review[J]. Journal of Organizational Behavior, 2017, 38(2): 225－246.

[4] LIANG J, FARH C I C, FARH J L. Psychological antecedents of promotive and prohibitive voice: A two-wave examination[J]. Academy of Management Journal, 2012, 55(1): 71－92.

[5] WANG J, ZHANG Z, JIA M. Echoes of corporate social responsibility: How and when does CSR influence employees' promotive and prohibitive voices? [J]. Journal of Business Ethics, 2020, 167(2): 253－269.

[6] HANSEN S D, DUNFORD B B, BOSS A D, et al. Corporate social responsibility and the benefits of employee trust: A cross-disciplinary perspective[J]. Journal of Business Ethics, 2011, 102(6): 29－45.

[7] RUPP E D. An employee-centered model of organizational justice and social responsibility[J]. Organizational Psychology Review, 2011, 1(1):72－94.

[8] ARNAUD A, SCHMINKE M. The ethical climate and context of

organizations: A comprehensive model[J]. Organization Science, 2012, 23(6): 1767-1780.

[9] VLACHOS P A, PANAGOPOULOS N G, BACHRACH D G, et al. The effects of managerial and employee attributions for corporate social responsibility initiatives[J]. Journal of Organizational Behavior, 2017, 38(7): 1111-1129.

[10] OU A Y, WALDMAN D A, PETERSON S J. Do humble CEOs matter? An examination of CEO humility and firm outcomes[J]. Journal of Management, 2018, 44(3): 1147-1173.

[11] FROSTENSON M. Humility in business: A contextual approach [J]. Journal of Business Ethics, 2016, 138(1): 91-102.

[12] OU A Y, TSUI A S, KINICKI A J, et al. Humble chief executive officers' connections to top management team integration and middle managers' responses[J]. Administrative Science Quarterly, 2014, 59(1): 34-72.

[13] VLACHOS P A, PANAGOPOULOS N G, RAPP A A. Employee judgments of and behaviors toward corporate social responsibility: A multi-study investigation of direct, cascading, and moderating effects[J]. Journal of Organizational Behavior, 2014, 35(7): 990-1017.

[14] GUERCI M, RADAELLI G, SILETTI E, et al. The impact of human resource management practices and corporate sustainability on organizational ethical climates: An employee perspective[J]. Journal of Business Ethics, 2015, 126(2): 325-342.

[15] CHENG M Y, WANG L. The mediating effect of ethical climate on the relationship between paternalistic leadership and team identification: A team-level analysis in the Chinese context[J]. Journal of Business Ethics, 2015, 129(3): 639-654.

[16] OWENS B P, HEKMAN D R. Modeling how to grow: An inductive examination of humble leader behaviors, contingencies, and outcomes[J]. Academy of Management Journal, 2012, 55(4): 787-818.

[17] FAROOQ O, RUPP D E, FAROOQ M. The multiple pathways through which internal and external corporate social responsibility influence organizational identification and multifoci outcomes: The moderating role of cultural and social orientations[J]. Academy of Management Journal, 2017, 60(3): 954-985.

[18] HUR W M, MOON T W, KO S H. How employees' perceptions of CSR increase employee creativity: Mediating mechanisms of compassion at work and intrinsic motivation[J]. Journal of Business Ethics, 2018, 153(3): 629-644.

[19] 王娟,张喆,贾明.员工感知的企业社会责任与反生产行为:基于亲社会动机和内在动机的视角[J].预测,2017,36(05):8-14,23.

[20] GRANT A M. Does intrinsic motivation fuel the prosocial fire? Motivational synergy in predicting persistence, performance, and productivity[J]. Journal of Applied Psychology, 2008, 93(1): 48-58.

[21] RYAN R M, DECI E L. Self-determination theory and the facilitation of intrinsic motivation, social development, and well-being[J]. American Psychologist, 2000, 55(1): 68-78.

[22] DE DREU C K W, NAUTA A. Self-interest and other-orientation in organizational behavior: Implications for job performance, prosocial behavior, and personal initiative[J]. Journal of Applied Psychology, 2009, 94(4): 913-926.

[23] GRANT A M, BERRY J W. The necessity of others is the mother of invention: Intrinsic and prosocial motivations, perspective taking, and creativity[J]. Academy of Management Journal,

2011, 54(1): 73 - 96.

[24] KALSHOVEN K, DEN HARTOG D N, DE HOOGH A H B. Ethical leadership at work questionnaire (ELW): Development and validation of a multidimensional measure[J]. The Leadership Quarterly, 2011, 22(1): 51 - 69.

[25] CABLE D M, EDWARDS J R. Complementary and supplementary fit: A theoretical and empirical integration[J]. Journal of Applied Psychology, 2004, 89(5):822 - 834.

[26] WANG Q, DOU J, JIA S. A meta-analytic review of corporate social responsibility and corporate financial performance: The moderating effect of contextual factors[J]. Business & Society, 2016, 55(8): 1083 - 1121.

[27] HAFENBRÄDL S, WAEGER D. Ideology and the micro-foundations of CSR: Why executives believe in the business case for CSR and how this affects their CSR engagements[J]. Academy of Management Journal, 2017, 60(4): 1582 - 1606.

[28] ZHAO W, ZHANG Z. How and when does corporate giving lead to getting? An investigation of the relationship between corporate philanthropy and relative competitive performance from a micro-process perspective[J]. Journal of Business Ethics, 2020, 166(2): 425 - 440.

[29] HEYDEN M L M, VAN DOORN S, REIMER M, et al. Perceived environmental dynamism, relative competitive performance, and top management team heterogeneity: Examining correlates of upper echelons' advice-seeking[J]. Organization Studies, 2013, 34(9): 1327 - 1356.

[30] MAHESWARAN D, CHAIKEN S. Promoting systematic processing in low-motivation settings: Effect of incongruent informa-

tion on processing and judgment[J]. Journal of Personality and Social Psychology, 1991, 61(1): 13 - 25.

[31] BHATTACHARYA C B, SEN S. Consumer-company identification: A framework for understanding consumers' relationships with companies[J]. Journal of Marketing, 2003, 67(2): 76 - 88.

[32] MARQUIS C, YIN J, YANG D. State mediated globalization processes and the adoption of corporate social responsibility reporting in China[J]. Management and Organization Review, 2017, 13(1):167 - 191.

[33] GRIFFIN J J, MAHON J F. The corporate social performance and corporate financial performance debate: Twenty-five years of incomparable research[J]. Business & Society, 1997, 36(1): 5 - 31.

[34] SEIFERT B, MORRIS S A, BARTKUS B R. Having, giving, and getting: Slack resources, corporate philanthropy, and firm financial performance[J]. Business & Society, 2004, 43(2): 135 - 161.

[35] CHUN J S, SHIN Y, CHOI J N, et al. How does corporate ethics contribute to firm financial performance? The mediating role of collective organizational commitment and organizational citizenship behavior[J]. Journal of Management, 2013, 39(4): 853 - 877.

[36] PLEWNIA F, GUENTHER E. The benefits of doing good: A meta-analysis of corporate philanthropy business outcomes and its implications for management control[J]. Journal of Management Control, 2017, 28(3): 347 - 376.

[37] JONES D A, WILLNESS C R, MADEY S. Why are job seekers attracted by corporate social performance? Experimental and field tests of three signal-based mechanisms[J]. Academy of Management Journal, 2014, 57(2): 383 - 404.

[38] DÖGL G C, HOLTBRÜGGE D. Corporate environmental re-

sponsibility, employer reputation and employee commitment: an empirical study in developed and emerging economies[J]. International Journal of Human Resource Management, 2014, 25(12): 1739 - 1762.

[39] BERGERON D M. The potential paradox of organizational citizenship behavior: Good citizens at what cost? [J]. Academy of Management Review, 2007, 32(4): 1078 - 1095.

[40] BEAUREGARD T A, HENRY L C. Making the link between work-life balance practices and organizational performance[J]. Human Resource Management Review, 2009, 19(1): 9 - 22.

[41] CASPER W J, HARRIS C M. Work-life benefits and organizational attachment: Self-interest utility and signaling theory models [J]. Journal of Vocational Behavior, 2008, 72(1): 95 - 109.

[42] MIYAZAKI A D, GREWAL D, GOODSTEIN R C. The effect of multiple extrinsic cues on quality perceptions: A matter of consistency[J]. Journal of Consumer Research, 2005, 32(1): 146 - 153.

[43] SCHEIDLER S, EDINGER - SCHONS L M, SPANJOL J, et al. Scrooge posing as Mother Teresa: How hypocritical social responsibility strategies hurt employees and firms[J]. Journal of Business Ethics, 2019, 157(2): 339-358.

[44] RODELL J B, BOOTH J E, LYNCH J W, et al. Corporate volunteering climate: Mobilizing employee passion for societal causes and inspiring future charitable action[J]. Academy of Management Journal, 2017, 60(5): 1662 - 1681.

[45] RODELL J B, BREITSOHL H, SCHRÖDER M, et al. Employee volunteering: A review and framework for future research[J]. Journal of Management, 2016, 42(1): 55 - 84.

[46] ZHANG Z, WANG J, JIA M. Integrating the bright and dark

sides of corporate volunteering climate: Is corporate volunteering climate a burden or boost to employees? [J]. British Journal of Management, 2021, 32(2): 494 - 511.

[47] HOBFOLL S E. Conservation of resources: A new attempt at conceptualizing stress[J]. American Psychologist, 1989, 44(3): 513 - 524.

[48] KOOPMAN J, LANAJ K, SCOTT B A. Integrating the bright and dark sides of OCB: A daily investigation of the benefits and costs of helping others[J]. Academy of Management Journal, 2016, 59(2): 414 - 435.

[49] BROWN S P, JONES E, LEIGH T W. The attenuating effect of role overload on relationships linking self-efficacy and goal level to work performance[J]. Journal of Applied Psychology, 2005, 90(5): 972 - 979.

[50] AGUINIS H, GLAVAS A. On corporate social responsibility, sensemaking, and the search for meaningfulness through work[J]. Journal of Management, 2019, 45(3): 1057 - 1086.

[51] HOBFOLL S E, HALBESLEBEN J, NEVEU J P, et al. Conservation of resources in the organizational context: The reality of resources and their consequences[J]. Annual Review of Organizational Psychology and Organizational Behavior, 2018(5): 103 - 128.

[52] BONO J E, GLOMB T M, SHEN W, et al. Building positive resources: Effects of positive events and positive reflection on work stress and health[J]. Academy of Management Journal, 2013, 56(6): 1601 - 1627.

[53] GREENHAUS J H, BEUTELL N J. Sources of conflict between work and family roles[J]. Academy of Management Review, 1985, 10(1): 76 - 88.

[54] RODELL J B, LYNCH J W. Perceptions of employee volunteering: Is it "credited" or "stigmatized" by colleagues? [J]. Academy of Management Journal, 2016, 59(2): 611 - 635.

[55] CHEN X P, XIE X, CHANG S. Cooperative and competitive orientation among Chinese people: Scale development and validation [J]. Management and Organization Review, 2011, 7(2): 353 - 379.

[56] VULLINGHS J T, DE HOOGH A H B, DEN HARTOG D N, et al. Ethical and passive leadership and their joint relationships with burnout via role clarity and role overload[J]. Journal of Business Ethics, 2020, 165(4): 719 - 733.

[57] HALBESLEBEN J R B, HARVEY J, BOLINO M C. Too engaged? A conservation of resources view of the relationship between work engagement and work interference with family[J]. Journal of Applied Psychology, 2009, 94(6): 1452 - 1465.

[58] JENSEN J M, PATEL P C, MESSERSMITH J G. High-performance work systems and job control: Consequences for anxiety, role overload, and turnover intentions[J]. Journal of Management, 2013, 39(6): 1699 - 1724.

[59] HALBESLEBEN J R B, NEVEU J P, PAUSTIAN - UNDERDAHL S C, et al. Getting to the "COR" understanding the role of resources in conservation of resources theory[J]. Journal of Management, 2014, 40(5): 1334 - 1364.

第 4 章 基于社会责任的人力资源管理实践与员工行为

随着人们越来越关注企业对社会福祉的影响和财富的公平分配等问题，CSR 在很大程度上已经成为全球性的社会规范，员工可能会通过企业的社会责任行为来评判其所在的组织。以往对 CSR 的研究多集中于宏观层面（如制度和组织层面等），但是近几年来，从微观层面特别是从组织内部员工的视角，探究 CSR 对企业影响的研究越来越受到学者们的关注。基于社会责任的人力资源管理实践（socially responsible human resource management，SRHRM）不仅是符合社会责任规范的组织信号，对成功实施 CSR 举措至关重要，而且将外部利益相关者与企业内部员工的利益有机结合在一起，促使员工积极参与到企业社会责任的实践活动中来。接下来，本章将详细介绍 SRHRM 的定义、研究现状，并聚焦于 SRHRM 与反生产行为这一研究问题进行文献梳理。

4.1 基于社会责任的人力资源管理实践的定义与研究现状

SRHRM 是指招聘和保留有社会责任感的员工，为员工提供社会责任方面的培训，并在绩效考核和升职加薪时考虑员工对社会的贡献[1]。通常，人力资源管理实践包括三种类型：技能提升型实践、动机增强型实践和机会提升型实践。尽管 SRHRM 包括技能提升型实践（如进行 CSR 方面的培训）和动机增强型实践（如表彰和奖励员工的社会贡献），但它不同于普通的人力资源管理实践，它主要是针对特定的 CSR，并且有助于促进 CSR 的贯彻和实施[2]。

员工作为 SRHRM 的参与者、执行者和观察者，其行为如何受到影响却并未受到学者们的重视。通过对 SRHRM 的文献回顾，发现目前国外仅有几篇论文探究了 SRHRM 对员工态度和行为的影响。Shen 等[3]基于社会认同理论探究了 SRHRM 与三种组织承诺（情感承诺、持续承诺及规范承诺）之间的关系。Shen 等[2]基于社会认同理论，探究了 SRHRM 影响员工工作绩效及角色外助人行为的机制，研究表明个体层面的组织认同在其中起中介作用，感知到的组织支持及组织层面的合作规范在其中起调节作用。Newman 等[4]基于社会交换理论和社会认同理论，探究了 SRHRM 的三个维度，即合规的 HRM（legal-compliance HRM）、员工导向的 HRM（employee-oriented HRM）及一般促进 CSR 的 HRM（general CSR facilitation HRM）对 OCB 的影响。鉴于目前还没有研究探究 SRHRM 与反生产行为之间的关系，为弥补这一研究空白，王娟等[5]的研究探讨了 SRHRM 对员工反生产行为的影响，具体研究内容如下。

4.2 基于社会责任的人力资源管理实践与反生产行为

4.2.1 研究内容

王娟等[5]的研究提出这样一个研究问题，如果 SRHRM 能够减少员工的反生产行为，那么其内在的作用机制是什么？以往的研究基于社会认同或社会交换理论来探究 SRHRM 对员工行为的影响，这些理论在解释 SRHRM 对员工积极行为的影响时具有较强的解释力，但是在探究 SRHRM 对员工消极行为的影响时可能存在不同的理论解释。在王娟等[5]的研究中，作者引入了情绪事件理论，该理论强调员工在工作场所中经历的事件会诱发他们的情绪体验，继而影响他们的态度与行为。情绪既可直接影响员工的行为，产生情绪驱动行为（affect-driven behaviors），也可通过影响员工的工作态度，继而间接影响他们的行为，即产生判断驱动行为（judgment-driven behaviors）[6]。王娟等[5]的研究认为企业采取 SRHRM 作为员工在工作场所中的事件，会诱发员工的自豪、兴奋等积极情绪，继而影响他们的反生产行为。

除此之外，在 SRHRM 与反生产行为的作用机制间是否存在着一定的边界条件呢？即企业员工会对这种基于社会责任的人力资源管理实践做何反应呢？归因理论认为，人们对某一事件或行为的态度会受到个体归因的影响[7]。就 SRHRM 而言，如果员工将企业履行社会责任的行为做出利他归因，则员工可能会产生高兴、自豪等积极情绪；相反，如果员工将此类的人力资源管理实践做出利己归因时，员工对 SRHRM 所产生的积极情绪可能就会减少。因此，基于归因理论，王娟等[5]的研究进一步探究了员工对 CSR 的归因在 SRHRM 与反生产行为间所起的调节作用。

1. SRHRM 与反生产行为

首先，反生产行为是员工故意做出的损害行为。Bennett 等[7]指出，反生产行为性质有严重和轻微两个维度，但不管是严重还是轻微，都会对组织或他人造成一定的伤害。从行为的结果看，反生产行为违反了一定的道德准则。当企业采取基于社会责任的人力资源管理实践时，会招聘和保留有社会责任感的员工，这样的员工具有较高水平的道德标准，会有较低的倾向采取不道德的反生产行为。此外，这样的招聘过程会寻找到与企业价值观匹配程度很高的员工，这样的员工对企业会有更高的认同感，在企业中会更积极地完成工作，从而减少反生产行为。

其次，当企业采取 SRHRM 时，不仅会为员工提供优越的薪酬和工作条件，保障员工自身的利益，而且会为员工提供社会责任方面的培训[1]，提升了员工履行社会责任的能力，使得员工切实参与到企业的社会责任实践中去，对企业产生更为积极的评判，增强员工的组织认同，从而减少对企业造成损害的反生产行为。

最后，当企业采取 SRHRM 时，会在绩效考核和升职加薪时考虑员工对社会的贡献[1]，将企业外部利益相关者与内部员工的利益有机结合在一起,促使员工积极参与到CSR的实践活动中来。研究表明,员工会根据企业是否公平地对待自己(looking in)、是否公平地对待组织内的其他人(looking around)以及是否公平地对待组织外的其他利益相关群体(looking out)来形成自己的公平感知[8]。企业内外部的CSR会影响员工总体的公平感知[9],而公平感知与反生产行为显著负相关[7]。SRHRM不仅能够公平地对待组织内的员工,而且能够公平地对待企业外部利益相关者,并将二者的利益有机结合起来。因此,SRHRM能够增强员工的公平感知,继而减少员工的反生产行为。

2. 积极情绪的中介作用

情绪在员工对工作场所事件做出响应时具有自适应性功能。随着积极心理学的兴起,工作场所中积极情绪的研究日益受到学者们的关注。积极情绪是指个体感到兴奋、充满热情和充满活力的程度,意味着个体处于一种高度能量激活、全神贯注、愉快和投入的情绪状态[4]。王娟等[5]的研究聚焦于情绪作为中介机制,一方面是由于Rupp[8]提出的情感事件理论提供了个体如何对工作场所事件做出解释和反应的重要命题,一系列与公平相关的事件是强烈的情绪催化剂,该理论在解释CSR对于员工公平感知的形成及后续反应方面具有重要的解释力,但还没有研究通过实证验证这些推论;另一方面,Aguinis等[10]呼吁未来的研究应该进一步探究情绪是否会在CSR举措与员工结果变量之间起中介作用。

基于情绪事件理论,当企业采取SRHRM时,不仅会为员工提供良好的薪酬和工作条件,而且会对外部利益相关者履行社会责任,作为影响员工第一方公平和第三方公平感知的事件,会触发员工的积极情绪,继而影响他们在工作场所内的行为。因此,王娟等[5]的研究基于情绪事件理论,将从以下几方面来分析积极情绪在SRHRM与反生产行为之间所起的中介作用。

SRHRM不仅包括为员工提供优越的薪酬和工作条件,而且包括招聘和保留有社会责任感的员工，为员工提供 CSR 方面的培训，并在绩效考核和升职加薪时考虑员工对社会的贡献[1]，其所表现出的公平、信任和关怀等伦理特征，有助于构筑良好、公平的工作环境。基于社会责任的人力资源管理实践表明他们致力于构建一种道德准则，以指导和约束企业的经营行为，员工通过参与和履行企业的 CSR 政策来提高其对企业道德性的感知。实施 SRHRM，企业会很好地履行对员工和外部利益相关者的社会责任，提高员工的工作满意度、公平感知和组织认同等。根据情绪事件理论，当企业采取 SRHRM 时，作为一种情绪事件，会诱发员工的高兴、兴奋和自豪等积极情绪。

员工的积极情绪能够显著减少他们的反生产行为。Bennett 等[7]根据行为对象（组织 vs 个人）和行为性质（严重 vs 轻微）将反生产行为分成四类：财产偏差行为（如偷窃、蓄意破坏等）、生产偏差行为（如旷工、消极怠工等）、政治偏差行为（如散布谣言、斥责同事）和人际攻击行为（如性骚扰、身体攻击等）。在此基础上，Matta 等[11]根据行为指向将反生产行为（counterproductive work behavior，CWB）分为组织指向的反生产行为（CWB-O）和人际指向的反生产行为（CWB-I）[11]。根据情绪事件理论，工作场所的事件会引发员工个体的情绪反应，这些情绪反应继而会影响员工的态度与行为。研究表明，对工作场所事件的评价而产生的消极情绪会诱发危害组织利益的报复型行为，如 CWB；相反，对工作场所事件的评价所产生的积极情绪，则可能会激发员工留在该组织的进取型行为。

第一，积极情绪体验具有激活行动、扩展认知和缓解压力的功能，对员工个体的行为具有积极影响。研究表明，相比处于悲伤或中性情绪状态下的员工，快乐的员工能够更好地完成工作任务，也更富有生产力[12]。具有积极情绪的员工处于一种高度能量激活、愉快和投入的情绪状态下[4]，这样的员工会全神贯注地投入工作中，继而减少反生产行为。此外，处于积极情绪状态下的员工会表现出更多的助人行为，促进工作场所内同事之间的和谐[12]，继而减少人际指向的反生产行为。

第二，根据情绪一致性效应，当员工处于积极情绪状态时，首先会倾向于注意和选择与自身情绪效价一致的信息。情绪不仅能够影响员工个体的工作记忆，还能影响个体信息加工的方式[13]。具有积极情绪的员工更可能回忆起与组织、同事的积极互动[12]，从而减少针对组织或其成员的反生产行为。并且，处于积极情绪状态下的个体会有意识地保持自己的积极感受[12]，他们更有可能增加助人行为、减少对他人或组织造成损害的行为，以维持他们的积极情绪。同时，处于积极情绪状态的员工会更多地关注事件的积极方面，提高员工的工作满意度和组织承诺等，从而减少他们因对组织不满而产生的反生产行为。

第三，积极情绪的扩展与建设模型认为，积极情绪能够扩展员工的思维活动序列和行动范畴，扩大了员工个体的注意范围，增强了认知灵活性，更新了他们的认知地图，从而提高了个体问题解决的效率和决策的效果[14]。同时，该模型也认为积极情绪能够增强员工个体的智力资源、人际资源和心理资源等，增强其心理和生理恢复力，改善社会联系的质量，促进人际问题的解决，增强人际信任[14]，提高了员工对幸福感的评估[15]，而这些均与反生产行为显著负相关。

综上所述，SRHRM 能够激发员工的积极情绪，进而减少他们的反生产行为。一方面，SRHRM 会为员工提供优越的薪酬和工作条件，使员工感知到企业能够公平地对待自己（第一方公平），激发员工的积极情绪，进而降低反生产行为的发生；另一方面，SRHRM 还会关注员工在社会责任方面的表现，使员工切实地感知到企业能够公平地对待外部利益相关者（第三方公平），激发员工的高兴、兴奋和自豪感等积极情绪，进而减少反生产行为。因此，王娟等[5]的研究指出，积极情绪在 SRHRM 与反生产行为之间起中介作用。

3. 员工对 CSR 归因的调节作用

员工对 CSR 的归因是员工对企业履行社会责任的动机进行推理的过程与结果[16]。根据归因理论，人们通常试图将个体的行为归为内部原因或外部原因，往往根据对应的特质来解释他人的行为，但当人们对他人的动机产生怀疑时，则会进行更为复杂的归因过程，削弱一般的对应偏见[17]。将归因理论引入王娟等[5]的研究中，员工在评价SRHRM时，会推断其背后的动机。如果员工认为企业履行社会责任是为了提升社会福利，即进行CSR的利他归因；而当员工对企业的社会责任行为动机产生怀疑时，会推断CSR行为的真正动机可能是为了提高企业的自身利益，即进行CSR利己归因[16]。

根据归因理论，员工对某一事件的态度和情绪会受到其个体归因的影响。就企业实施SRHRM而言，如果员工认为企业实施SRHRM是为了提升社会福利，其将做出利他归因，员工会认为企业是真诚地为社会做出贡献，从而产生高兴、自豪等更多的积极情绪；相反，当员工认为企业实施SRHRM仅仅是出于利己目的时，员工就会认为企业履行社会责任是为了获取更多的利润，赢得消费者的支持，是一种虚伪的“做秀”行为，并不会真正地贯彻实施。此时，员工可能不会因为企业实施SRHRM而产生高兴、自豪等积极情绪。所以，员工对CSR的利他归因能够增强SRHRM与积极情绪之间的正向关系，而员工对CSR的利己归因则会削弱二者之间的正向关系。

4. 员工对CSR的归因在整个模型中的调节作用

在以上的论述中，王娟等[5]的研究假定：①积极情绪在基于社会责任的人力资源管理实践与反生产行为之间起到中介作用；②员工对CSR的利他归因会强化SRHRM与积极情绪之间的正向关系（调节第一阶段的影响），但并不会影响积极情绪对反生产行为的负向影响（不调节第二阶段的影响）。根据这些假定，王娟等[5]的研究可以进一步推论出，员工对CSR的利他归因水平越高，积极情绪在SRHRM与反生产行为之间所起的中介效应就越强。

同理，王娟等[5]的研究假定：①积极情绪在SRHRM与反生产行为之间起着中介作用；②员工对CSR的利己归因会弱化SRHRM与积极情绪之间的正向关系(调节第一阶段的影响),但并不会影响积极情绪对反生产行为的负向影响(不调节第二阶段的影响)。根据这些假定,王娟等[5]的研究可以进一步推论出,员工对 CSR 的利己归因水平越低,积极情绪在 SRHRM 与反生产行为之间所起的中介效应就越强。

4.2.2 研究结果与意义

1.研究结果

王娟等[5]的研究选择的调研样本主要考虑“中国企业社会责任排行榜”百强企业,样本源于某大型电力企业的 56 家分公司以及高校的 MBA 人员,调研对象分布于陕西、山东、江苏、上海、福建、湖北、安徽等多个省份,包括西安、济南、青岛、南京、上海、北京和厦门等 56 个地市。王娟等[5]的研究采用问卷调查法获取研究数据。为了降低潜在的同源方差,王娟等[5]的研究分两个时间点完成问卷收集工作。在时间点 1 向员工发放用于测量 SRHRM、CSR 利他归因、CSR 利己归因和积极情绪等变量的第一批问卷,在两周后的时间点 2 发放用于测量 CWB 等变量的第二批问卷。问卷的派发和回收时间为 2015 年 5 月至 12 月。调研过程中共收到 443 份问卷,剔除存在缺失值问卷,最后收到有效问卷 428 份,有效回收率 96.61%。

王娟等[5]的研究采用 SPSS 19.0 和 Amos 17.0 进行统计分析,结果表明:SRHRM 与反生产行为显著负相关;积极情绪在 SRHRM 与反生产行为之间起中介作用,即 SRHRM 能够通过激发员工的积极情绪,继而减少员工的反生产行为;员工对 CSR 的利他归因能够增强 SRHRM 与积极情绪之间的正向关系,员工对 CSR 的利己归因并未削弱二者之间的正向关系;员工对 CSR 的利他归因能够增强员工的积极情绪在整个模型中所起的中介作用,而员工对 CSR 的利己归因并没有在整个模型中起到被调节的中介作用。

针对员工的利己归因并没有起到调节作用,可能的原因是,企业实施 SRHRM，会招聘和保留有社会责任感的员工，为员工提供社会责任方面的培训，并在绩效考核和升职加薪时考虑员工对社会的贡献[3]，既保证了内部员工的利益，又对外部利益相关者履行了相应的责任，会激发员工很强的积极情绪，即使员工对 CSR 做出利己归因，也并不会削弱 SRHRM 与积极情绪之间的关系。并且，这种人力资源管理实践将 CSR 与内部员工的利益有机结合起来，在这种情景下，员工出于自我服务偏见，也会对这种人力资源管理实践做出较为积极的评判，从而影响了员工对 CSR 的利己归因在整个模型中作用的发挥。

2. 理论意义

王娟等[5]的研究不仅是企业宏观层面（SRHRM）与微观层面研究（员工积极情绪及反生产行为）的结合，也是 CSR 与人力资源管理实践之间结合的交互研究。王娟等[5]的研究从企业层面和员工层面相结合的视角，对 SRHRM 如何影响员工的情绪，继而影响员工的反生产行为进行了深入分析，进而实现提升企业的社会绩效与企业绩效的理想目标，为企业参与社会责任找到一条激励相容的路径。

首先，王娟等[5]的研究的价值之一在于从 CSR 与人力资源管理结合的视角，探究了 SRHRM 对反生产行为的影响，拓展了中国管理背景下 CSR 与员工消极行为结果的认识。企业追求经济利益与社会福利的不相容导致在宏观领域 CSR 与企业绩效之间的关系存在着不一致的结论，解决这一悖论的新视角是从微观层次探究社会责任对员工行为的影响。CSR 与人力资源管理的结合成为目前学术界关注的新兴热点话题。然而，目前关于企业宏观层面的 CSR 对微观层面影响的研究还非常有限。以往的研究认为 CSR 方案的有效实施在很大程度上依赖于企业采取 SRHRM[3]。王娟等[5]的研究通过检验 SRHRM 对员工反生产行为的影响，扩展了 CSR 方面的研究，这一扩展具有重要的意义，因为员工经常承受 CSR 的后果[10]。以往仅有的几篇论文探究了 SRHRM 对组织认同、工作绩效、角色外助人行为和 OCB 这几个积极结果的影响,但是 SRHRM 对员工的消极行为(如反生产行为)的影响还处于一个研究空白状态。王娟等[5]的研究表明 SRHRM 能够有效地减少员工的反生产行为,弥补了这一研究空白。

其次,王娟等[5]的研究基于情绪事件的视角探究了基于社会责任的人力资源管理实践对反生产行为的影响,将积极情绪引入二者之间的作用机制中。以往关于 SRHRM 的研究多是基于社会认同理论或社会交换理论,而 Aguinis 等[10]呼吁未来的研究应进一步探究情绪在 CSR 举措与员工结果变量之间是否起中介作用。为了弥补这一研究空白,王娟等[5]的研究将情绪事件理论引入 SRHRM 与反生产行为之间的关系中,研究表明 SRHRM 会激发员工的积极情绪,使员工减少反生产行为。这在一定程度上揭示了 SRHRM 影响反生产行为的"黑箱",表明 SRHRM 除了直接影响反生产行为外,还会通过激发员工的积极情绪,继而影响其反生产行为。

再次,基于归因理论,王娟等[5]的研究进一步探究了员工对 CSR 的利他归因和利己归因的调节作用。在 CSR 的研究中,CSR 问题对员工的重要性及个体对 CSR 的归因等变量在微观层面的分析中发挥着调节作用,Shen 等[2]指出,探究这些变量是否在 SRHRM 与员工行为之间的关系中发挥着相似的作用具有重要意义。根据归因理论,王娟等[5]的研究认为基于社会责任的人力资源管理实践是否引发员工的积极情绪还会受到员工对 CSR 归因的影响,从员工对 CSR 归因的视角探究了 SRHRM 与其积极情绪之间关系的边界条件。这在一定程度上说明,企业若想较好地发挥 SRHRM 对员工行为的积极影响,还要注重引导员工对 CSR 的利他归因。

最后,王娟等[5]的研究设计了有调节作用的中介模型,表明员工对 CSR 的利他归因增强了积极情绪在 SRHRM 与反生产行为之间所起的中介作用。这在一定程度上表明,要想减少员工的反生产行为,企业一方面可以采取基于社会责任的人力资源管理实践,另一方面也要尽可能地出于利他动机来履行社会责任,引导员工对 CSR 做出利他归因,以激发员工的积极情绪，继而减少其反生产行为。

3. 实践意义

首先，王娟等[5]的研究为CSR方面的管理实践提供了一定的启示。企业的管理者已经开始认识到参与CSR实践活动不仅能够带来财务上的收益，而且可以成为组织竞争优势的重要来源。但是，管理者们还不了解如何才能在提高企业社会绩效的同时，提高企业内部的绩效。王娟等[5]的研究结果表明，企业制定和实施基于社会责任的人力资源管理实践对于解决这一问题具有重要意义，因为SRHRM不仅对于成功实施针对外部利益相关者的CSR项目至关重要，而且还能减少员工的反生产行为。将员工纳入组织的CSR沟通和相关活动中也是至关重要的，可以提高员工的CSR意识。以往的一些CSR项目（如企业捐款等）仅涉及外部利益相关者的利益，员工可能会觉察到这会威胁他们自身的利益，从而带来一些消极的结果。而SRHRM将企业内部员工的利益和外部利益相关者的利益结合在一起，从而实现企业经济效益和社会效益的“双赢”。

其次，王娟等[5]的研究也为企业人力资源管理实践提供了启示。企业中的反生产行为普遍存在，如何调动员工的工作积极性、减少反生产行为，进而帮助企业获得竞争优势，是每个企业都必须面临的重要问题。王娟等[5]的研究结果给出了重要的启示：企业采取基于社会责任的人力资源管理实践是提高员工积极情绪，继而减少反生产行为的有效途径。在企业的经营管理中，企业要想留住和激励员工，可以采取基于社会责任的人力资源管理实践。更具体地说，企业需要招聘具有社会责任感的员工，提供CSR方面的培训，在绩效评估时考虑员工的社会绩效，并将员工的社会绩效与升职加薪挂钩。

最后，员工对企业SRHRM的归因会影响到员工的情绪及反生产行为。王娟等[5]的研究建议，企业除了在力所能及的范围内承担对外慈善捐赠责任的同时，也要在企业内部建立起基于社会责任的人力资源管理实践,通过这一系列的人力资源管理实践与员工建立起长期的雇佣关系,注重员工的情感需要和成长需要,激发员工的积极情绪等,继而降低员工的反生产行为。另外,企业应积极参与公益活动,鼓励员工参与志愿服务,让员工切实体验到企业的社会责任感,使员工能够感受到企业是出于利他动机、言行一致地履行社会责任。

4. 未来研究展望

由于研究背景的限制,王娟等[5]的研究存在以下几方面的局限性:第一,尽管王娟等[5]的研究在研究设计时采用分时段的数据收集方式以减少同源样本方差的影响,但同一来源的测量方法无法从根本上避免这一问题,因此,后续研究应考虑采用不同来源的测量方法以更好地规避共同方法偏差问题。第二,王娟等[5]的研究主要是通过员工感知的角度对 SRHRM 进行测量,虽然从个体感知的角度来评价 SRHRM 对员工行为的影响也是非常有意义的,但仍然并非是企业真实的 SRHRM 数据。因此,未来研究可以继续探讨企业实际的 SRHRM 与员工感知的 SRHRM 分别对员工行为的不同影响。第三,尽管王娟等[5]的研究从情绪事件理论和归因理论出发,探讨了积极情绪在 SRHRM 与反生产行为之间所起的中介作用,但 SRHRM 对员工工作行为和态度的影响路径可能是多种多样的,后续的研究可以从不同的理论视角出发对 SRHRM 的中介作用机制进行探索。第四,王娟等[5]的研究仅考虑了员工的 CSR 归因在整个过程中的调节作用,未来的研究者可以进一步考虑其他因素对这一过程的权变影响。

本章要点

- SRHRM 的概念与研究现状
- SRHRM 影响员工反生产行为的理论基础、作用机制和边界条件

本章参考文献

[1] ORLITZKY M, SWANSON D L. Socially responsible human resource management [M]. Charlotte: Information Age, 2006.

[2] SHEN J, BENSON J. When CSR is a social norm how socially responsible human resource management affects employee work behavior[J]. Journal of Management, 2016, 42(6): 1723 - 1746.

[3] SHEN J,ZHU C J. Effects of socially responsible human resource management on employee organizational commitment [J]. The International Journal of Human Resource Management, 2011, 22 (15): 3020 - 3035.

[4] NEWMAN A, MIAO Q, HOFMAN P S, et al. The impact of socially responsible human resource management on employees' organizational citizenship behaviour: The mediating role of organizational identification [J]. The International Journal of Human Resource Management, 2016, 27(4): 440 - 455.

[5] 王娟,张喆,贾明. 基于社会责任的人力资源管理实践与反生产行为:一个被调节的中介模型[J]. 管理工程学报,2019,33(04):19 - 27.

[6] 傅强,段锦云,田晓明. 员工建言行为的情绪机制:一个新的探索视角[J]. 心理科学进展,2012,20(2):274 - 282.

[7] BENNETT R J, ROBINSON S L. The development of a measure of workplace deviance [J]. Journal of Applied Psychology, 2000, 85(3): 349 - 360

[8] RUPP D E. An employee-centered model of organizational justice and social responsibility [J]. Organizational Psychology Review, 2011, 1(1): 72 - 94.

[9] DE ROECK K, MARIQUE G, STINGLHAMBER F, et al.

Understanding employees' responses to corporate social responsibility: Mediating roles of overall justice and organizational identification [J]. The international Journal of Human Resource Management, 2014, 25(1): 91 - 112.

[10] AGUINIS H, GLAVAS A. What we know and don't know about corporate social responsibility a review and research agenda [J]. Journal of Management, 2012, 38(4): 932 - 968.

[11] MATTA F K, EROL - KORKMAZ H T, JOHNSON R E, et al. Significant work events and counterproductive work behavior: The role of fairness, emotions, and emotion regulation [J]. Journal of Organizational Behavior, 2014, 35(7): 920 - 944.

[12] TSAI W C, CHEN C C, LIU H L. Test of a model linking employee positive moods and task performance [J]. Journal of Applied Psychology, 2007, 92(6): 1570 - 1583.

[13] 张婕，樊耘，张旭. 组织变革中的情绪唤起及其影响机制研究[J]. 管理评论，2016，28(3)：126 - 138.

[14] 何晓丽，王振宏，王克静. 积极情绪对人际信任影响的线索效应[J]. 心理学报，2011，43(12)：1408 - 1417.

[15] KOOPMAN J, LANAJ K, SCOTT B A. Integrating the bright and dark sides of OCB: A daily investigation of the benefits and costs of helping others[J]. Academy of Management Journal, 2016, 59(2): 414 - 435.

[16] 张倩，何姝霖，时小贺. 企业社会责任对员工组织认同的影响：基于 CSR 归因调节的中介作用模型[J]. 管理评论，2015，27(2)：111.

[17] 卢东. 消费者对企业社会责任行为的评价研究：基于期望理论和归因理论的探讨[J]. 管理评论，2010，22(12)：70 - 78.

第三部分

领导行为与组织伦理

第5章 公仆型领导对员工的影响研究

自古以来，中国就是一个等级观念较强的国家。因此，传统的领导都是一种“制度＋控制”的领导模式，过分强调领导的权威。但是，新中国成立之后，“自由”“平等”的观念深入人心，传统的领导风格早已不能满足下属的需求，不能发挥较高的领导有效性。而与其他领导理论相比，公仆型领导理论更加强调满足下属的需求和承担相应的社会责任[1-2]。所以，公仆型领导在各个管理领域中显得越来越重要。从行政管理上看，党中央强调各级领导干部树立公仆意识，履行公仆义务。但是，随着改革开放的发展，社会传统价值观发生了翻天覆地的变化，由“以金钱为导向”的价值观所引发的伦理道德方面的社会问题更是层出不穷，使得人们开始重视并呼吁对传统价值观的回归。从经济管理上看，在人才竞争的时代，为了企业的生存和发展，管理者们必须重视和实践公仆型领导理念。2014年，美国《财富》杂志发布了一项有关合作伙伴最佳工作场所的调查结果，结果显示，最适合“80后”“90后”的10家公司在管理过程中均体现出一种“公仆型领导”理念。因此，无论是在行政管理还是经济管理中，强调服务第一的公仆型领导均显得尤其重要。对企业领导者而言，在企业日常管理中，公仆型领导行为有效性具有潜在的指导意义和应用价值。

公仆型领导(servant leadership)最早由美国学者Greenleaf于1970年在*The servant as leader*中首次提出[3]。虽然Greenleaf并未对公仆型领导进行明确定义，但他认为公仆型领导者应该把下属的利益需求置于自身利益之上，更加强调服务他人，而不是强调领导和控制他人。随后，许多著名学者纷纷对公仆型领导的内涵进行了探讨。例如，Graham[4]表示公仆型领导强调服务下属，关注下属的需求和利益，而不是强调下属服务领导者。Ehrhart[5]认为公仆型领导不仅对组织成功负有道德责任，同时对组织客户、下属等也负有道德责任。另外，Van Dierendonck[1-2]在其研究中曾多次强调公仆型领导更加注重以人为本和道德管理。虽然研究者对公仆型领导的内涵进行了不同的解读，但是均体现出了公仆型领导的本质——服务。

最初，Laub[6]将公仆型领导划分为六个维度。2008 年，Liden 等[7]将公仆型领导划分为七个维度，并得到了广泛认可。这七个维度包括：情绪抚慰(emotional healing)、帮助下属成长和成功(helping subordinates grow and succeed)、把下属放在首位(putting subordinates first)、授权(empowering)、为社区创造价值(creating value for the community)、概念技能(conceptual skills)及遵守道德规范(behaving ethically)。情绪抚慰是指领导者关心下属的情感生活问题以及情绪变化，并为其提供相应的帮助；帮助下属成长和成功是指领导者关心每位下属的职业生涯规划，并为其提供学习发展的机会；把下属放在首位是指相对于自身而言，领导者更加关心下属的成功和利益；授权是指领导者允许并鼓励下属在工作中能够独立做出重要的工作决策或自行解决工作问题；为社区创造价值是指领导者回报社会，并向下属强调回报社会的重要性；概念技能是指领导者在全面了解组织的基础上，能够对复杂情况进行抽象和概念化的技能；遵守道德规范是指领导者坚持较高的道德标准，并且不会为了取得成功而放弃道德原则[7]。

近几年，无论是组织行为研究者，还是企业管理实践者，都越来越关注公仆型领导如何正向影响员工的态度和行为。本章总结了 3 篇关于公仆型领导与员工行为的研究，具体如下。

5.1　公仆型领导与帮助行为和建言行为

5.1.1　研究内容

目前，员工越来越多地寻求值得信赖的领导者，因为这样的领导者可以与员工建立牢固的关系，并关注员工的个人成长和福祉。公仆型领导注重于优先满足追随者的需求，满足当前以人为本的管理需求。通过将他人的利益置于自身利益之上，公仆型领导者表现出利他主义，并在其组织中促进无私价值观的形成。这些领导者也倾听追随者的想法，接受他们的不足，并帮助他们实现自己的全部潜力。公仆型领导注重无私、倾听、人际接纳和能力发展，在改善员工行为方面被广泛接受[1-2]。

然而，许多研究表明，任何领导类型的有效性可能会根据外部条件而变化[8]。正如 Fiedler[9] 的领导效能权变模型所强调的那样，一个领导者的效能在很大程度上取决于环境因素，如团队和组织的特征、当地文化、社会状况等。因此，组织必须识别那些影响或决定公仆型领导有效性的边界条件。根据社会信息加工理论[10]，员工经常在自己的社会环境中使用信息来理解领导的言语和行为，并相应地调整自己的行为[8]。在这种情况下，公仆型领导的有效性可能会受到社会环境的影响。

以往的研究已经提供了丰富的实证证据来支持团队环境（如服务氛围、程序公平氛围和团队竞争氛围）和组织环境（如组织结构和文化）在缓和公仆型领导对员工行为的影响中的关键作用。然而，社会背景是否影响公仆型领导与员工行为之间的关系，目前尚不清楚。越来越多的研究者认为，领导者的有效性可能源于其与社会环境的互动。Eva 等[11] 明确指出要对社会背景如何影响公仆型领导与产出之间的关系进行多层次的公仆型领导研究。Lu 等[12] 的研究试图分析公仆型领导与社会情境的互动是否会影响员工的行为，该研究关注员工的助人行为和建言行为，因为在合作与竞争并存的现代社会，这两种行为对组织的生存与发展至关重要。此外，在处理来自公仆型领导的社会信息(无私、倾听)后，员工更有可能参与助人行为和建言行为。

在当今社会，合作与竞争并存，相互补充、相互依赖。因此，组织和个人可能面临和谐共存和生存竞争的双重压力。因此，Lu 等[12]的研究主要考察了社会环境的两个方面，即宗教氛围和房价，并将其作为公仆型领导有效性的重要边界条件。特别是在中国，这两个方面分别在很大程度上传达了和谐和竞争，已经成为近年来的热点话题。具体来说，中国的宗教传统历史悠久，其影响延伸到中国的政治、哲学、文学、美学、医学等诸多方面。在中国社会的快速发展中，宗教填补了精神真空。中国宗教界努力从教义、教规中提出和谐理念，并努力在社会中广泛传播。来自宗教的和谐共存的线索可能会影响人们对事件的理解和态度。例如，Cui 等[13]实证认为，宗教氛围显著影响组织中员工友好实践的结果。因此，围绕在组织周围的宗教氛围可能会影响员工对公仆型领导的反应。公仆型领导是一种员工友好型实践。

与此同时，中国的房价在不断上涨。在中国，房子是最重要的身份商品之一，拥有房子已成为结婚的重要条件。在某种程度上，中国的高房价可能反映了人们面临的生存竞争。此外，考虑到价格水平通常由材料成本和供求关系决定，高房价可能预示着资源的稀缺、对住房的过度需求以及对这种资源的竞争压力。Chen 等[14]提出，“当公仆型领导引发服务之火时，高度竞争的氛围通过添加更多的氧气使服务之火更大”。基于这一论点，来自高房价的生存竞争信号也可能放大员工对公仆型领导的反应。因此，Lu 等[12]的研究利用社会信息处理理论[10]来分析宗教氛围和一个地区的房价是否会对公仆型领导对员工的助人行为和建言行为产生影响。

综上所述，Lu 等[12]的研究试图揭示公仆型领导在与一定的社会环境相互作用下，如何影响员工的帮助和建言行为。根据社会信息处理理论[10]，Lu 等[12]的研究提出，公仆型领导与组织周围的宗教氛围(如佛教和道教)相互作用，与员工的帮助和建言行为呈正相关。Lu 等[12]的研究还假设，在一个地区，与房价相互作用的公仆型领导也与员工的帮助和建言行为呈正相关。Lu 等[12]的研究的目的是通过考察重要的宏观社会因素（如宗教氛围和房价）作为调节因素来拓宽对公仆型领导效能的理解。

社会信息处理理论[10]认为，个体的认知和行为发展受到他们所能获得的信息或线索的影响，这些信息或线索通常来源于他们的社会环境。由于社会环境的复杂性，个体经常使用来自多个来源，如领导者、团队、组织和社会的社会线索来解释事件和调整自己的行为[10]。在工作场所，领导的言行是员工收集工作或人际交往社交线索的主要来源之一[8]。因此，在面对公仆型领导时，员工可能会收集和处理公仆型领导提供的信息。这些员工也可能使用来自社会环境的其他线索来解释领导的公仆行为，并相应地调整自己的行为。在这种情况下，基于社会信息加工理论[10]，Lu 等[12]的研究提出，公仆型领导与来自特定社会环境——宗教氛围和房价的线索相互作用，影响员工的帮助和建言行为。

1. 公仆型领导与宗教氛围的交互效应

以往研究表明，一个地理区域内的宗教规范可以以一种不知不觉的方式影响个人认知，即使这个人没有宗教信仰，因为这些规范是个人生活和运作的社会环境的重要元素[15]。换句话说，一个地区的宗教氛围可以向人们传递一定的社会信息，影响人们对事件的解读。因此，基于社会信息处理理论，Lu 等[12]的研究提出，围绕在企业周围的宗教氛围，尤其是佛教和道教氛围，可能会影响员工对领导公仆行为的理解和反应。

首先，浓厚的宗教氛围向员工传递了仁爱和无私的社会信息，从而提高了员工对领导公仆行为的理解和反应。通过关注追随者的利益而不是自己的利益，公仆型领导者向员工传递了一个显著的社会暗示，即工作场所鼓励利他或无私的行为。佛教和道教传播了以仁慈和慈悲对待所有生物的教义。换句话说，一个地区的宗教氛围可能会传递出一个社会信息，即把自己奉献给别人，帮助别人的重要性放在自己的需要之前。当员工从社会中获得这些信息时，他们很可能会认识到和理解领导公仆行为的必要性。因此，这些员工可能会提高他们对公仆型领导的反应，从而增加他们的帮助行为。相比之下，宗教氛围淡薄（佛教和道教）可能提供了社会相对缺乏仁爱和无私的社会线索，人们倾向于优先满足自己的需要。有了这些社交暗示，员工就不太可能理解或支持公仆型领导者的言行，因为他们担心其他人自私的行为可能会损害自己的利益。

其次，浓厚的宗教氛围为人们提供了和谐共处和社会责任在社会中的重要性的线索，这也可以提高员工对公仆型领导的理解和反应。具体来说，通过强调人际接受，坚持高道德标准，为社区创造价值，公仆型领导者传递了保持人际和谐和承担社会责任的信息[2]。佛教和道教传播的教义是，所有生命都是相互关联和平等的，人类应该争取和谐和宽容他人。因此，一个地区相对较强的宗教氛围可能会创造社会线索，让人们有必要以一种和谐或负责任的方式行事。基于这些社会线索，员工倾向于理解和支持公仆型领导，从而增加了体现人际和谐和社会责任的助人行为。相比之下，相对较弱的宗教氛围不太可能提高员工对公仆型领导的理解，因为这种淡薄的氛围没有提供追求和谐共处和承担社会责任的必要性的社会线索。以前的研究也支持此观点，即当组织或管理者与当地的价值观、信仰和文化保持一致时，员工倾向于积极地看待或实质上接受这些组织和管理者。基于这些理论论证和经验证据，Lu 等[12]的研究提出，公仆型领导与组织周围的宗教氛围的交互作用正向影响了员工的助人行为。

此外，虽然建言并不总是体现出无私和仁爱，但促进建言的一个关键因素是对建言受益者的关怀[16]。同时，建言通常被认为是一种承担责任的方法[17]。因此，员工接触到高水平的公仆型领导和宗教氛围，可能会承担额外的责任，通过沟通与工作相关问题的意见，制定改进建议，或提出新的程序变化，使组织受益[16]。相比之下，在相对较弱的宗教氛围中，员工可能很少收到关于承担社会责任必要性的社会暗示，这些员工可能无法理解为什么公仆型领导鼓励他们考虑其他人的需要或承担额外的责任。因此，他们不太可能参与建言行为。

2. 公仆型领导与房价的交互作用

对有限资源的竞争所引发的高房价，表明了人们在一个城市或地区所面临的生存竞争的程度。根据社会信息处理理论[10]，高房价为人们提供了资源竞争激烈程度的社会线索，从而促进了人们对提高能力和绩效的渴望。先前的研究发现，团队氛围中的竞争线索对公仆型领导的有效性很重要，因为在这种情况下，员工有动力通过更快、更聪明或更好地工作来超越其他人[14]。因此，借鉴社会信息加工理论[10]，Lu 等[12]的研究提出公仆型领导与城市或地区房价的交互作用对员工的帮助和建言行为具有正向影响。

建言一般有三个基本条件，即能力、意愿和勇气。换句话说，只有当员工有能力、意愿和勇气去挑战现状并做出建设性的改变时，他们才会参与建言。Lu 等[12]的研究认为，公仆型领导与高房价竞争信号的交互作用可以激励员工满足建言的三个基本条件。具体来说，房价传达了人们在一个城市或地区所面临的生存竞争的信号，实现可持续的竞争优势对人们在竞争环境中生存起着关键作用。因此，那些从高房价中接收到竞争信号的员工可能会通过发展个人能力来争取可持续的竞争优势。通过专注于开发员工的全部潜力，培养他们以自己的方式处理困难情况的能力，并为他们提供机会提高他们的技能[7]，公仆型领导传达了能力发展是由领导鼓励和支持的观念。许多研究认为，公仆型领导通过提高员工提供优质服务和解决工作问题的能力，促进员工任务绩效的提高[14]。因此，员工倾向于认为公仆型领导能够满足他们的能力需求，帮助他们在竞争激烈的社会环境中生存。因此，那些从高房价中接收到竞争信号的员工可能会积极响应公仆型领导，发展个人能力。这种情况反过来又使员工具备了表达自己的能力和信心。

此外，那些从高房价中获得生存竞争信息的员工可能会极大地关注自己的工作绩效，这种情况也可能影响这些员工对公仆型领导的反应。具体来说，通过关注员工的需求并倾听他们的想法[1]，公仆型领导者传达出的信息是，在工作场所鼓励说出自己的需求和想法。在这种情况下，员工倾向于认为，参与建言可能会让他们从公仆型领导那里获得积极的反馈或更高的绩效评价[18]。Grant[19]的研究证实，建言会引起管理者的良好绩效评价。Mo 等[18]也发现，成员表达挑战现状的新想法或观点与个体任务绩效呈正相关。因此，那些从高房价中得到竞争信号的员工，为了得到公仆型领导的积极评价，会主动采取建言行为。

建言包括纠正领导错误或组织缺陷，也可能带来一些风险。然而，谦逊的公仆型领导者经常听取并接受别人的纠正。公仆型领导者也倾向于无条件地原谅追随者，即使后者对前者说了不恰当的话[20]。这样的领导行为向员工提供了建言在工作场所是可以接收的信息。结合建言对绩效评估贡献的证据[18-19]，这类信息可能会鼓励那些在高房价地区的员工表达自己的想法和建议，而不是担心从事建言行为的潜在风险。

相比之下，当从低房价中获得生存竞争的社会线索很少时，员工可能会认为他们的生活没有任何压力。反过来，这些员工不太可能产生一些提高个人能力和绩效的愿望[14]。当公仆型领导发出鼓励能力发展的显著社会线索时，员工可能缺乏支持或回应此类领导的动力。此外，鉴于这些员工可能生活相对舒适，他们可能不愿意打破现状或做出任何改变。在某种程度上，这种情况使员工故意忽略了来自公仆型领导的鼓励发声行为的社会线索。总之，在低房价的城市或地区，公仆型领导可能会阻止员工参与建言行为。

与其他领导风格不同，公仆型领导注重员工的个人成长，培养员工的服务型行为[1]。员工在处理高房价所包含的竞争压力和生存压力信息后，往往会大量关注物质追求。他们可能会努力获得领导的认可，获得额外的物质奖励或职业晋升[14]。也就是说，来自高房价的竞争线索可以鼓励员工通过在领导面前积极服务或帮助他人来满足公仆型领导的期望。因此,在高房价的城市或地区,公仆型领导可能会促进员工的帮助行为。相比之下,员工可能很少从低房价中获得关于生存竞争的社会线索。如上所述,这些员工可能会感到较低的竞争压力,缺乏提高工作绩效的愿望。当公仆型领导者鼓励无私和利他的行为时,这些员工可能会缺少满足公仆型领导者期望的动机。因此,在低房价的城市或地区,公仆型领导促进助人行为的可能性较小。

5.1.2　研究结果与意义

1. 研究结果

2015 年 2 月 1 日,Lu 等[12]的研究通过在线调查收集数据。参与者包括负责不同部门的 90 名领导,以及在这些部门工作的 450 名员工(非一线员工)。这些调查对象来自中国某食品生产企业的位于 25 个地区的 25 个分公司。他们在正常工作时间完成了调查。在领导问卷中,研究者要求领导对其下属的帮助和建言行为进行评估。在员工问卷中,研究者要求员工对其公仆型领导进行评价。最后,Lu 等[12]的研究收集了 82 名领导和 351 名员工的匹配数据。为了分析社会环境对领导效能的影响,Lu 等[12]的研究还收集了分公司所在的 25 个地区的宗教氛围和房价数据。

Lu 等[12]的研究采用 HLM 6.02 进行多层次数据分析,结果表明,公仆型领导与宗教氛围的交互作用对员工帮助行为有正向影响,但对员工建言行为没有正向影响。相反,公仆型领导与房价的交互作用对员工建言行为有正向影响,但对员工助人行为没有正向影响。

2. 理论意义

首先,Lu 等[12]的研究有助于研究公仆型领导产生影响的边界条件。尽管研究人员已经积累了相当多的证据,证明组织环境在公仆型领导与员工行为之间的关系中所起的作用[11,14],但对于社会环境是否以及如何影响公仆型领导者的有效性,人们的理解有限。Lu 等[12]的研究从理论上开发并实证检验了一个三层面的研究模型，考察了两个关键社会因素（即宗教氛围和一个地区的房价）在公仆型领导与员工帮助/建言行为之间的关系中的作用。Lu 等[12]的研究首次将领导力有效性的研究从微观层面扩展到宏观层面，并为这种扩展提供了实证证据。

其次，Lu 等[12]的研究为一个地区的宗教氛围和房价如何影响公仆型领导与员工帮助/建言行为的关系方面提供了新的见解。以往研究主要基于社会交换理论或社会学习理论解释了公仆型领导如何影响员工帮助/建言行为的心理过程[7,21]，而 Lu 等[12]的研究利用社会信息加工理论为上述心理过程提供了新的解释。根据宗教氛围和公仆型领导中所包含的无私、仁爱和社会责任等一致的社会线索，员工实质上相信做好事是受到鼓励和期望的，从而增加了他们的帮助行为。相比之下，从高房价中接收到竞争信号的员工，更有可能做出建言行为，因为建言有利于从公仆型领导那里获得好的绩效评估，尤其是因为他们相信建言在工作场所是安全的。

最后，Lu 等[12]的研究也丰富了社会信息处理理论的文献，强调来自宏观社会环境的信息对个人如何理解或评价一个事件的影响。以往大多数研究都使用这一理论来解释个体从组织、部门或团队环境（即微观环境）接收到的信息，以及这些信息如何影响个体心理认知和行为绩效。Lam 等[16]认为，当服务氛围为员工提供了以客户为中心的建言会得到奖励的信息时，客户导向或工作自主性较高的员工可能会使用以客户为中心的建言。不同于以往研究，Lu 等[12]的研究表明，宗教氛围和一个地区的房价（即宏观环境）也可以被解读为不同的社会线索，从而影响员工如何分析和理解公仆型领导所包含的信息（即心理认知过程），这一结果进一步证实了个体依赖来自社会环境的信息和他人的想法来形成心理认知和反应。此外，Lu 等[12]的研究发现，公仆型领导与宗教氛围会交互地对员工帮助行为有正向影响，但对员工建言行为没有正向影响，而公仆型领导与房价的交互作用则相反。这一发现表明，宏观社会环境（如一个地区的宗教氛围和房价）对和谐共存和生存竞争的信号是相辅相成的，并以不同的方式影响公平型领导效能。

3. 实践意义

一个重要的管理启示是，公仆型领导和宗教氛围（佛教和道教）中所包含的亲社会价值观的一致线索，使员工有可能从事帮助行为。当公司周围的宗教氛围很强时，领导者应该调整自己的领导风格，以符合当地的宗教规范。在宗教氛围淡薄的情况下，人力资源经理可以通过阐明组织或社会所期望的无私、仁爱和社会责任，为公仆型领导创造合适的环境。同时，组织应该实质上关注宗教对建言的潜在负面影响。人力资源经理应该通过强调建言在有益于工作组或组织方面的重要作用，奖励建言的员工，澄清建言的亲社会性来帮助员工理解建言。

另一个重要的启示是，房价与公仆型领导的交互作用与员工建言正相关。这是因为，领导对员工能力的关注与高房价所包含的竞争线索相呼应。在房价高的地区，领导者应该帮助员工成长和成功。同时，领导者应该传达额外的信息，在工作场所鼓励员工发声，使其缺点可以被接受，错误可以被原谅。人力资源经理，尤其是在房价较低地区的人力资源经理，应该强调晋升机会的竞争激烈，并对表现优秀的员工进行奖励。此外，组织应该防止或减轻来自社会背景的竞争信号对有利于同事的行为（如帮助行为）的潜在负面影响。人力资源经理应该通过承认关心他人的需要和奖励利他的员工来帮助员工充分理解助人行为。总的来说，领导者或人力资源经理应该相当重视员工精神和物质需求的平衡满足。

4. 未来研究展望

第一，Lu 等[12]的研究是在中国进行的，故该研究结果的普遍性可能有限。房价问题在许多国家普遍存在，但每个国家都不同。未来的研究应涉及不同国家，以检验房价对公仆型领导效能的影响。此外，美国一些研究使用了提供某一地区宗教信徒有益信息的发达数据库，但在中国却无法获得。未来的研究可以通过使用发达的数据库计算一个地区的信徒数量来衡量宗教氛围变量，并调查这些数字如何影响西方国家的领导有效性。

第二,目前的研究模型忽略了组织层面因素的重要作用,因此,未来的研究应该收集位于多个地区的不同公司和位于同一地区的多家公司的数据,以四个层次的研究模型来分析宗教氛围和房价对领导效能的影响。

第三,虽然 Lu 等[12]的研究为分析社会环境如何影响领导有效性提供了一个有益的基础,但许多重要的问题仍然存在。围绕在公司周围的其他宗教氛围,如基督教、印度教、穆斯林或其他宗教派别,是否也在加强公仆型领导的有效性方面发挥了类似的作用? Chan-Serafin 等人[22]建议,组织学者应该通过考虑宗教积极和消极方面之间的紧张关系,严格分析和解决宗教的潜在后果。未来的研究应该测试宗教是否同时加强和削弱领导效能,或者在什么条件下宗教产生消极或积极的结果。

第四,未来研究的另一个方向是一个地区的房价是否会提高员工的角色内绩效。高房价标志着住房的稀缺性和由此产生的激烈竞争。研究表明,资源的稀缺性驱动个体获得竞争优势,从而增强个体对绩效目标导向的渴望[23]。因此,未来的研究应该探讨房价是否促进了员工的目标导向和角色内绩效。

5.2 公仆型领导与创新行为

5.2.1 研究内容

目前,各行各业均面临着以技术迅速发展和产品生命周期缩短为特征的动态环境,为了生存与发展,组织或领导者需要促进员工产生更多的创新行为。鉴于领导方式是影响员工创新行为的关键因素之一,现有研究基于社会认同理论,解释并发现了公仆型领导可以激发员工的组织认同和领导认同来促进其创新行为。但是,Liden 等[24]明确指出,未来的研究还需要基于不同的理论视角来揭示其他的内在影响机制。另外,关于公仆型领导与创新行为之间关系的边界条件的实证研究也比较缺乏。为此，卢俊婷等[25]的研究的目标主要包含以下两点。

首先，基于社会信息处理理论（social information processing theory），卢俊婷等[25]的研究试图重新解读公仆型领导如何影响员工创新行为。社会信息处理理论认为，外部环境或事件通常被视为某种信息，个体作为信息处理器会接收、编码、分析、提取甚至使用该信息，其态度和行为会随之发生变化[4]。注重培养员工服务意识和能力的公仆型领导则会传递给下属有关服务和能力的信息，从而有助于提高下属对服务意识和能力发展的重视程度。Dierdorff 等[26]明确指出，亲社会角色期望是个体对非工作要求中的亲社会活动内容及其所需技能的重要性的认知水平。所以，公仆型领导会促使员工产生较高的亲社会角色期望。进一步地，亲社会角色期望较高的员工会努力地改善人际交往的过程[25]，这有助于员工获取更多有用的信息，最终为创新行为的产生提供基础和保障。所以，基于社会信息处理理论，卢俊婷等[25]的研究考虑了公仆型领导是否通过激发员工亲社会角色期望来促进其创新行为。

其次，鉴于团队情绪氛围能够影响个体的信息处理过程，卢俊婷等[25]的研究进一步考虑了团队积极情绪氛围是否会影响员工对公仆型领导的认识和反应。情绪一致性记忆效应（emotion congruent memory，ECM）认为，当处在某种情绪状态时，个体会有选择地提取和使用与该情绪效价相一致的信息，换句话讲，当信息被加工时的情绪与当下情绪相似时，该信息则更容易被唤醒[27-28]。公仆型领导通常能够改善下属的情绪状态[1-2]，所以，在积极情绪氛围的感染下，个体更倾向于唤醒、提取和使用与该情绪效价相一致的公仆型领导信息，最终可能会放大其对公仆型领导的积极反应。

下面将详细介绍卢俊婷等[25]的研究。

1. 公仆型领导对员工创新行为的作用机制：员工亲社会角色期望的中介作用

1970 年，Greenleaf 在其著作 *The servant as leader* 中首次提出了

公仆型领导的概念，并认为公仆型领导者具有优先考虑和满足下属的需求，强调服务而非领导或控制他人的特征[3]。随后，研究者们逐渐认识到公仆型领导还注重培养或发展下属的能力。例如，Spears[29]指出，公仆型领导者除了具备聆听、移情、抚慰、说服、远见、概念技能等特征外，还具有履行帮助他人成长的义务，即培养或发展员工的工作能力和专业技能。Sousa 等[30]也明确表示，公仆型领导是以下属的需求和发展为导向的，通常会为下属建立有助于其自身发展的工作环境。

鉴于公仆型领导者对服务意识和能力的重视，卢俊婷等[25]的研究认为公仆型领导可能会激发员工亲社会角色期望，从而促进其创新行为。

首先，公仆型领导强调培养和发展下属的自身能力，这在一定程度上有助于提高下属对能力的重视程度。正如 Chiniara 等[31]明确表示，通过为下属提供学习机会，鼓励下属自主解决某些与工作相关的问题，公仆型领导者可以促使员工努力习得工作中所需的技能、知识和能力。Van Dierendonck 等[2]也认为，除了强调服务下属，公仆型领导者还注重激发下属在人际关系维护、团队管理、自我激励、服务他人等不同领域的最大潜能。由于领导者通常被视为最具影响力的社会信息来源，所以，员工可以通过观察上述公仆型领导行为来获取以下信息——领导者注重发展下属各方面的能力并对其寄予厚望。这在一定程度上会促使员工更加重视在解决人际冲突、服务他人或管理团队等方面上所需要的技能，进而促使其产生较高的亲社会角色期望。

其次，公仆型领导还强调服务他人的重要性，并注重培养下属的服务意识[1,3,28]，这会促使下属认识到服务意识和行为在其团队中的重要性，进而激发其产生较高的亲社会角色期望。另外，公仆型领导者还能够改善下属的情绪状态。具体地讲，公仆型领导者关心下属的情绪变化，并能够为下属提供必要的情感支持和帮助[24]。正如 Rivkin 等[32]的研究认为，公仆型领导能够增强下属的幸福感。Tang 等[33]的研究也表明，公仆型领导能够减少下属的情绪耗竭、改善下属的情绪状态。而在积极情绪状态下，员工不仅会渴望自己能够产生更多有益于他人的事情，而且会扩展自己对外部信息的认知范围[34]。所以，公仆型领导不仅能够提高下属的服务意识和行为，而且能够改善下属接收、编码和分析领导行为信息的过程，最终有助于促使其产生较高的亲社会角色期望。

进一步地，对亲社会角色期望较高的员工而言，获取服务技能、指导技能、解决冲突技能等是非常重要的[25]，即渴望能力的获取。Grant等[34]曾明确指出，个体对能力获取的渴望会促使其进行认知处理，即选择性地注意、编码和保留某些符合其内心渴望的信息，从而有助于员工对问题、信息或线索进行更加深入的剖析，最终促使其能够产生某些新颖的、与众不同的或有突破性的想法和行为。同时，较高的亲社会角色期望会促使员工与他人之间进行积极的正式或非正式互动[25]，这有助于改善员工对有效信息的获取、处理和共享，促使员工认识到信息或知识要素之间的内在联系，最终激发员工产生某些新颖的想法或行为。

当然，除了关注想法或行为的新颖性，个体在产生创新行为时还需要关注想法或行为的实用性。基于 Dierdorff 等[26]所提出的相关概念，亲社会角色期望较高的员工会认为建立和维护人际关系、指导他人、帮助他人等亲社会活动是非常重要的，即强调行为的有用性。因此，较高的亲社会角色期望会促使员工积极获取和加工有用的外部信息，并且促使其产生有益于他人的想法或行为。正如 De Dreu 等[35]的研究表明，当个体期望自己能够帮助他人或期望自身行为有益于他人时，该个体会更加关注他人的需求和利益，努力地获取有益于他人的信息或线索，并进一步考虑何种想法或行为对他人是有用的。所以，基于社会信息处理理论分析，较高的亲社会角色期望可能会促使员工产生某些既具新颖性又具实用性的想法或行为，即亲社会角色期望可能会提高个体的创新行为。综上所述，卢俊婷等[25]的研究提出，公仆型领导可以通过激发员工的亲社会角色期望来促进其创新行为。

2. 公仆型领导对员工创新行为的作用机制：团队积极情绪氛围——有中介的调节作用

团队情绪氛围是指所有团队成员对团队中的情绪及情绪交换的共享感知，它直接取决于每位团队成员的情绪状态[36]。反过来，在积极的团队情绪氛围中，团队成员之间会产生积极的情绪交换（即积极情绪“感染”），从而促使个体更容易产生或保持积极的情绪状态。基于情绪一致性记忆效应分析，员工对公仆型领导行为信息的编码和记忆与当时该个体所体验到的情绪状态有关，由于相关信息记忆网络与个体的情绪状态会产生某种联结，当员工再次感知到相似的情绪时，相关的公仆型领导行为信息则更容易被唤醒[27-28]。简而言之，相似的情绪状态会促使员工不断加强记忆、提取和使用公仆型领导者所传递的有关服务意识和能力的信息。那么，团队积极情绪氛围是否能够促使员工感知到相似的情绪状态，从而强化员工对公仆型领导行为信息的编码和记忆过程呢？

一方面，公仆型领导者强调对下属提供情感支持，强调人际关系中的慈爱与宽容[2]，这在一定程度上有助于改善员工的情绪状态[1-2]。所以，在接收、编码、分析和记忆公仆型领导者所传递的有关服务意识和能力的信息时，员工有可能感受到乐观、积极、热情等积极情绪。换句话讲，员工对公仆型领导行为信息的记忆与当时积极的情绪状态会产生某种联结。

另一方面，较强的积极情绪氛围能够促使团队成员之间进行积极的情绪“感染”，这有助于员工再次感受到乐观、积极、热情等积极情绪[36]。基于情绪一致性记忆效应分析，当信息被加工时的情绪与当下情绪相似时，信息记忆与情绪状态之间的联结会被激活，某些相关信息则会被唤醒[27-28]。所以，在积极情绪氛围下，公仆型领导者所传递的有关服务意识和能力的信息更容易被唤醒，员工更倾向于不断地加强记忆、提取和使用该信息，从而强化了公仆型领导对员工亲社会角色期望的影响。相反，在较弱的团队积极情绪氛围中，个体会被“感染”而产生一定的消极情绪。由于此时的情绪状态与公仆型领导行为信息被加工时的情绪完全不同，所以信息记忆与情绪状态之间的联结不易被激活，某些相关信息更容易被遗忘。进一步地，员工会倾向于减少记忆、提取和使用公仆型领导者所传递的有关服务意识和能力的信息，即缩短了其对公仆型领导行为信息的加工过程，从而弱化了公仆型领导对员工亲社会角色期望的影响。综上所述，卢俊婷等[25]的研究提出：团队积极情绪氛围可以调节公仆型领导与员工亲社会角色期望之间的正向相关关系。具体地讲，团队积极情绪氛围越强，公仆型领导与员工亲社会角色期望之间的正向相关关系越强。

进一步地，卢俊婷等[25]的研究提出，团队积极情绪氛围对公仆型领导与员工创新行为关系的调节作用，以员工的亲社会角色期望为中介。具体地讲，在较强的团队积极情绪氛围中，由于员工此时的情绪状态与公仆型领导行为信息被加工时的情绪相似，公仆型领导者所传递的有关服务意识和能力的信息则容易被不断地唤醒、提取和使用，从而加强了员工对领导者期望的认识，提高其对服务他人和能力发展的重视程度（即更高水平的亲社会角色期望），最终促使其产生某些新颖的、有益于他人的想法和行为。所以，团队积极情绪氛围对公仆型领导与员工创新行为关系的调节作用，以员工的亲社会角色期望为中介。

5.2.2　研究结果与意义

1. 研究结果

被试者来自位于 25 个地区的 25 家分公司（同属于一家大型食品企业），问卷调查对象主要包括 400 名员工及 90 名团队领导者，其中每位领导者对应有 3～5 名直属下属。2016 年 1 月份，卢俊婷等[25]的研究利用该企业的内部网络系统进行本次问卷调查活动。员工问卷包含公仆型领导、员工亲社会角色期望、团队积极情绪氛围等内容；领导者问卷包含员工创新行为等内容。该调查活动最后收集到了 380 份员工问卷（回收率为 95%），以及 83 份领导者问卷（回收率为 92%）。剔除未答题项数超过 1/3 的问卷以及无法配对的问卷，最终获得 351 份员工和 81 份领导的配对问卷，共涉及 81 个团队。

卢俊婷等[25]的研究主要利用 HLM 6.02 软件，通过跨层次分析来检验理论假设。研究结果表明：公仆型领导通过激发员工亲社会角色期望来促进员工创新行为；团队积极情绪氛围增强了公仆型领导与员工亲社会角色期望之间的正向相关关系；团队积极情绪氛围对公仆型领导与员工创新行为关系的调节作用，以员工亲社会角色期望为中介。

2. 理论意义

首先，卢俊婷等[25]的研究基于新的理论视角——社会信息处理理论——解释了公仆型领导如何提高员工的创新行为。公仆型领导强调培养下属的服务意识和自身能力，传递了领导者对下属期望的相关信息，而在接收、编码、分析、提取和使用上述领导行为信息的过程中，员工对服务意识和能力的重视程度会被提高，即产生较高的亲社会角色期望。进一步地，亲社会角色期望作为一个关注他人的心理过程，会促使员工努力产生有益于他人的想法或行为，从而促使其有选择性地获取和处理有效的信息。所以，卢俊婷等[25]的研究将社会信息处理理论所强调的获取、编码、提取以及使用信息等关键环节融入员工创新行为的形成过程中，解释了员工亲社会角色期望如何在公仆型领导与员工创新行为之间发挥重要的中介作用。虽然近期越来越多的学者开始关注公仆型领导对员工创新行为的内在影响机制，但是，相关研究更多的是基于社会认同理论来解释其内在影响机制。所以，基于全新的理论视角，卢俊婷等[25]的研究在一定程度上拓展了世人对公仆型领导与员工创新行为之间关系的认识和理解。

其次，在将员工亲社会角色期望作为中介变量的基础上，卢俊婷等[25]的研究还基于情绪一致性记忆效应，考虑了团队积极情绪氛围是否影响员工对外部信息的加工过程，进一步揭示了影响公仆型领导与员工亲社会角色期望之间关系的外部情境条件。虽然相关研究认为，团队积极情绪氛围可能作为领导抵消或领导替代因素之一，对变革型领导和交易型领导的有效性产生不同影响，但是，基于情绪一致性记忆效应分析，团队积极情绪氛围还可能会延长和深化个体对积极领导行为信息的加工过程。通过结合情绪一致性记忆效应与社会信息处理理论，卢俊婷等[25]的研究认识到，由于公仆型领导理论的特征，员工对那些有关服务意识和能力的信息进行编码和记忆时，其信息记忆网络会与个体积极情绪状态产生某种联结。而团队积极情绪氛围会导致员工再次感知到相似的积极情绪，从而会激活上述信息记忆与情绪状态之间的联结，进而强化员工对公仆型领导行为信息的记忆、提取和使用。不同于以往的研究，卢俊婷等[25]的研究考虑了团队积极情绪氛围对员工加工、提取和使用外部信息过程的影响，重新审视了团队积极情绪氛围对领导方式有效性的影响过程。另外，针对团队情绪氛围是否以及如何影响公仆型领导的有效性等一系列问题，目前研究仍未涉及，因此，卢俊婷等[25]的研究在一定程度上也是对其外部情境条件研究的一个补充。

3. 实践意义

卢俊婷等[25]的研究分析发现，个体会通过接收、编码、分析、提取和使用外部信息来产生或改善其角色期望和行为表现，所以，管理者一方面应该真正做到“超越个人利益”去帮助或服务他人，同时，应该明确告知下属有关服务意识和能力的重要性，以促使下属能够快速获取相关信息。另一方面管理者应该更加明确地表明自己对下属所寄予的厚望，或者应该更加明确地传递给下属这样的信息——管理者非常重视其服务意识和能力，以促使下属能够正确解读管理者所传递的相关信息。当然，管理者还可以通过优先为下属提供学习和发展的机会，以提高下属对信息或线索的接收、识别和分析能力。

此外，随着社会竞争和生活压力的不断增大，越来越多的人正处于一种焦虑或抑郁状态，这不仅会促使团队成员之间的消极情绪得到快速

"感染",而且还有可能给员工身心健康或社会安定带来严重威胁。所以,管理者应该关心下属的情绪状态,及时向下属提供情绪支持或抚慰,以确保员工处于积极的情绪状态。同时,管理者还可以将公仆型领导理念融入尊重员工、关爱员工、服务员工、考虑和满足员工诉求等方面当中,并注重引导团队成员之间进行积极情绪共享,避免或降低消极情绪的"感染",最终改善团队情绪氛围。上述措施不仅能够有效改善个体对公仆型领导行为信息的加工过程,而且能够消除那些对企业或社会的不利因素。

4. 未来研究展望

第一,未来的研究应采取更严谨且准确的方法,采用那些基于中国传统文化背景而编制的量表或基于中国传统文化背景已对上述西方测量量表进行了必要修正的量表;第二,未来的研究可以针对不同的行业,进一步验证卢俊婷等[25]的研究结果。另外,未来的研究还应基于社会信息处理理论视角,深入探讨公仆型领导的作用机制。

5.3 公仆型领导与组织公民行为

5.3.1 研究内容

卢俊婷等[37]的研究深入探究了公仆型领导对员工 OCB 的影响效果。目前,企业员工的 OCB 严重缺乏。如 2014 年 9 月 30 日的《企业观察报》曾强调,"绝大多数企业中同事之间相互帮助的氛围越来越淡了,并且历史越长、规模越大的企业,这种氛围越趋于淡化"。所以,如何改善日常管理中的领导方式以增加员工 OCB,已成为越来越多领导者所关注的焦点。与其他领导理论相比,公仆型领导更加注重培养下属的公仆意识和行为[1-2],这恰好可以在一定程度上缓解员工 OCB 严重缺乏的现象。然而,现有的研究仅仅是基于社会学习理论和社会交换理论来解释公仆型领导与OCB之间的关系,Neubert等[38]表示未来的研究应该利用不同的理论来解释这一关系。同时,虽然现有的文献已经研究了公仆型领导与助人行为之间的关系,但是其并未考虑公仆型领导是否可以同时促进员工的助人行为和建言行为。因此,卢俊婷等[37]的研究有必要以员工OCB——助人行为和建言行为——作为研究落脚点,并基于全新的理论视角来探究公仆型领导的有效性。

同时,从员工亲社会动机的角度出发,卢俊婷等[37]的研究需要深入探究日常管理中公仆型领导对员工OCB的影响机制。自我决定理论(self-determination theory,SDT)认为个体在充分认识外部环境和个人需求的基础上,可以增强某种内部动机或促进某种外部动机的内化,最终促使该个体对某种行为做出自由选择[39-40]。而亲社会动机正是员工基于对外部环境和内部需求的认知而产生的一种帮助他人的强烈愿望[41],具有高亲社会动机的员工更加自愿选择参与到那些有益于他人(包括顾客、同事,及他们所属的组织)的活动当中[34]。鉴于此,注重培养下属服务意识和行为的公仆型领导(外部环境),则更有可能激发员工产生帮助他人的强烈愿望,进而促进其自愿参与OCB。然而,目前关于公仆型领导作用机制的研究,更多的是集中于员工心理环境及社会关系水平上。一方面,大量的研究表明员工心理环境在公仆型领导与行为绩效之间起着中介作用,如组织公平、自我效能感、组织认同感等。另一方面,很多学者利用领导-成员交换(leader-member exchange, LMX)理论解释了公仆型领导有助于建立一种高质量的LMX关系,最终改善员工行为。但是,基于自我决定理论,从员工亲社会动机视角出发探索公仆型领导与员工OCB之间关系的研究却很少。因此,卢俊婷等[37]的研究有必要将员工亲社会动机作为公仆型领导与员工OCB之间的中介变量进行分析。

另外,在研究公仆型领导与员工OCB之间的关系时,还需要基于全新的理论视角来思考员工心理授权在其中发挥何种作用。从研究结果考虑,虽然领导者行为一直被视为是影响员工心理授权的重要因素之一，例如，Newman 等[42]已明确指出，员工心理授权在公仆型领导与员工行为之间会产生显著的中介作用，但是，其他的组织环境或个体特质均可独立于领导方式而对员工心理授权感知产生一定影响，所以，员工心理授权可能独立于领导方式且对领导行为有效性产生影响[43]。正如 Pieterse 等[43]以及 Zhong 等[44]在其研究中发现，员工心理授权作为调节变量可以显著影响领导行为的有效性，并建议未来的研究需要深入探讨员工心理授权对不同领导行为有效性的影响。然而，现有的研究主要基于社会学习理论、社会交换理论或领导替代理论来分析组织认同、个人-组织匹配、服务氛围、程序公平氛围以及组织结构作为调节变量如何影响公仆型领导与员工 OCB 之间的关系。所以，目前还没有研究从不同的理论视角出发来探讨员工心理授权作为调节变量如何影响公仆型领导的有效性。从理论实践考虑，自我决定理论强调个体的动机和行为均是个体内部认知与外部环境刺激相互交互作用的产物[39-40]。领导者的鼓励和刺激会促使员工愿意参与某种行为，而该员工对自身能力、自主性、工作重要性的综合认知也会影响该行为意愿的产生过程[43-44]。所以，基于自我决定理论，卢俊婷等[37]的研究非常有必要深入探讨心理授权作为一种支持性的、参与性的、自我提升性的个体内部心理条件，是否会对公仆型领导的有效性产生显著影响。

下面将详细介绍卢俊婷等[37]的研究。

1. 公仆型领导对员工 OCB 的作用机制：亲社会动机的中介作用

首先，从公仆型领导的本身特征来分析，员工的态度和表现会因领导者行为而改变。具体地讲，概念技能较强的领导者更容易得到下属的认可和敬畏，同时，若领导者在工作中始终坚持较高的道德标准并不断强调行为的正确性，会促使下属潜意识地评价自身行为是否符合道德标准，从而降低员工产生损害他人利益以谋求自身利益的想法，最终增强其亲社会动机；领导者积极参加慈善活动并向下属强调回报社会的重要性，会进一步促使员工增强其亲社会动机。所以，在日常管理中，公仆型领导行为会激发员工的亲社会动机。当员工情绪低落时，公仆型领导者会对他们进行情绪抚慰并为他们提供相应的帮助，以改善其目前的情绪状态，且已有研究表明个体的积极情绪与其亲社会行为之间是相互关联的；领导者通过将下属放在首位以及帮助下属成长与成功，会增强员工对领导、组织的满意度，并能够激发员工的工作热情，进而增加其OCB；领导者通过允许和鼓励员工独立做出重要决策的同时，也培养了员工的主人翁意识和责任意识[1-2]，从而促使他们在工作中主动考虑或帮助团队和他人。因此，在日常管理中，公仆型领导行为会增加员工 OCB。

其次，卢俊婷等[37]的研究从自我决定理论视角来分析日常管理中公仆型领导如何通过激发员工亲社会动机来增加其 OCB。自我决定理论认为个体在充分认识外部环境和个人需求的基础上，会对某种行为做出自由选择，并且该理论将把动机分为外部动机和内部动机[39-40]。当个体对某一规则或行为目标进行有意识的评价时，如果该个体发现这一行为是重要的，便会将其接纳为自我的一部分，是一种认同调节型的外部动机；当个体试图完成某项任务或满足其某种心理需求时，便会产生一种较强的成就型和体验型的内部动机[39-40]。当领导者表现出一种公仆型领导行为时，员工会对领导的行为或道德规范进行有意识的评价，并且员工会发现领导者对下属进行情绪抚慰、帮助下属成长与成功、把下属放在首位、向下属授权以及严格遵守道德规范等都是非常重要的，从而增强其对公仆型领导行为的认同，并会将该行为接纳成自己的一部分，即进行角色行为的内化而产生一种亲社会动机。正如 Zhang 等[45]的研究表明，不同的领导方式会激发员工产生不同的动机。另外，在得到领导者的帮助之后，员工会感知到自己与他人或组织之间的亲密联系，从而会促使他们更加积极地与他人产生互动行为。反过来，该员工则会产生更高的联系需求，最终促使其产生较高水平的亲社会动机。正如 Pavey 等[46]认为，个体的联系、自主和能力需求会促使该个体产生亲社会动机。Grant 等[47]的研究结果表明，员工的亲社会动机越强，其具有亲和力的公民行为水平会越高。所以，在对公仆型领导行为和自身心理需求进行充分认识的基础之上，该员工会产生较高水平的亲社会动机，最终促使员工对 OCB 做出自由选择。因此，卢俊婷等[37]的研究认为，在日常管理中，公仆型领导可以通过激发员工亲社会动机来增加其 OCB。

OCB 是一系列的组织外行为，例如，主动帮助同事，为组织发展提出建议，主动加班等。但是，对一个团队而言，更重要的是团队成员之间的信任和合作。同事之间互帮互助不仅有利于同事之间建立友好关系，而且还可以促进团队成员之间的信任和合作，这对一个团队的不断壮大和发展至关重要。此外，一个团队的长期发展和成功在很大程度上取决于团队成员献计献策的积极程度，正如中国的一句古话——三个臭皮匠顶个诸葛亮。而目前大部分人却曲解了“沉默是金”的深意，对于任何事情都习惯性地保持沉默，因此增加员工的建言行为对团队来说也是非常重要的。所以，卢俊婷等[37]的研究重点考虑员工的助人行为和建言行为。综上所述，卢俊婷等[37]的研究提出：亲社会动机在公仆型领导与员工 OCB 之间起到中介作用。具体地讲，公仆型领导可以通过激发员工亲社会动机来增加员工 OCB，包括助人行为和建言行为。

2. 公仆型领导对员工 OCB 的作用机制：员工心理授权——有中介的调节作用

Spreitzer[48]认为，心理授权是一种综合的心理状态或体验，主要反映个体对工作角色定位的心理认知。该心理认知主要包含以下四个方面：自我效能感（competence），指员工对自己能够完成某项工作任务的感知或信念；工作意义（meaning），指员工根据自身的价值衡量标准而对工作重要性的心理认知；工作影响（impact），指员工对组织管理和工作绩效的影响程度；自主性（self-determination），指员工对自己的工作时间、方式以及所需资源等方面的自我决定程度的心理感知。考虑到员工心理授权的重要性，研究者们一直基于组织层面和个人层面探讨员工心理授权的前因变量。但是,Pieterse 等[43]却表示,员工心理授权也可能独立于领导方式而对领导行为有效性产生一定的影响。

在个体动机和行为产生的过程中,自我决定理论强调个体对能力、自主以及联系的需求或感知水平的重要性,并认为个体的动机和行为均是个体内部认知与外部环境刺激相互交互作用的产物[39-40]。那么,基于自我决定理论分析,员工心理授权是否会对公仆型领导的有效性产生显著影响?如何产生影响?

首先,员工对自我效能感的认知程度可能会与公仆型领导行为之间产生交互作用,进而影响员工亲社会动机的产生。心理授权感知水平高的个体会认为自己有能力完成某一行为目标,并相信自己能够积极地影响工作结果或环境状况[48]。那么,当公仆型领导者期望和鼓励下属主动帮助同事、团队以及组织时,心理授权感知水平高的个体由于对自身能力有较高的感知水平,会相信自己有能力去帮助他人[43],从而更加积极地响应领导号召,产生更高水平的亲社会动机。正如 Pieterse 等[43]认为,领导者的激励会促使下属愿意去参与某种行为,而下属还需要感觉自己能够去参与该行为。相反,对心理授权感知水平低的个体而言,其会对自身能力产生一定的质疑,不相信自己能够很好地完成工作目标[48]。所以,即使公仆型领导在一定程度上会促使下属愿意去参与助人行为,但是由于该个体对自身能力的感知水平较低,其对公仆型领导的响应程度便会被削弱,最终阻碍了亲社会动机的产生。

其次,员工对自主性的认知程度可能会与公仆型领导行为之间产生交互作用,进而影响员工亲社会动机的产生。心理授权感知水平高的个体会认为自己具有较高的自主性,能够很好地决定自己的工作时间、方式以及所需资源等[48]。当公仆型领导鼓励下属自主解决工作困难或帮助他人时,高自主性的个体会认为领导或组织相信其能力和决策,并且更容易感觉到在帮助同事或团队的情况下,自己能够合理地分配工作时间和所需资源而不影响自身工作绩效,从而增强了其亲社会动机的产生。相反,在帮助同事或团队的情况下,低自主性的个体往往很难把握时间和资源的分配，并担心因此会影响自身工作绩效而受到领导者的责备[44]，从而弱化了其主动参与公仆型行为的意愿。简而言之，公仆型领导促使下属愿意去参与建言行为或助人行为，而下属还需要感知到该行为的参与并不会对自身利益产生危害。

最后，员工对工作影响和意义的认知程度可能会与公仆型领导行为之间产生交互作用，进而影响员工亲社会动机的产生。从工作影响和意义角度考虑，心理授权较高的员工会感受到自己对团队或他人是非常重要的，感知到自己与他人之间的联系非常密切，从而促使其产生较强的责任感[42]，这恰好与公仆型领导所强调的责任理念和服务理念相一致[1-2]。鉴于此，心理授权较高的员工会更容易感知到领导者对下属承担责任和服务他人所赋予的期望，从而提高了其对他人之间联系的需求或感知水平，最终增强了其亲社会动机。相反，对心理授权较低的员工而言，由于其对自身价值的心理认知水平偏低，感知到自己与他人之间几乎不存在任何联系[42,48]，所以其亲社会动机会被弱化。换句话讲，公仆型领导的激励会促使下属愿意去参与 OCB，而下属对自身价值的认知水平或对联系的感知水平会影响其对该行为的最终选择结果[39-40]。

综上所述，卢俊婷等[37]的研究提出，员工心理授权可以调节公仆型领导与员工亲社会动机之间的正向关系。具体地讲，员工心理授权水平越高，公仆型领导与员工亲社会动机之间的正向关系越强。卢俊婷等[37]的研究进一步提出，公仆型领导对员工 OCB 的影响效果也可能依赖于员工心理授权水平，而且这种交互作用的影响效果可能会通过激发员工亲社会动机来实现。当员工具有较高的心理授权水平时，由于其较高的自我效能感、自主性和责任感，公仆型领导对其亲社会动机的正向影响作用会增强，而这种作用效果会通过激发员工亲社会动机以进一步影响员工 OCB。因此，卢俊婷等[37]的研究进一步提出，公仆型领导与员工心理授权对员工 OCB（包括助人行为和建言行为）产生的交互作用以员工亲社会动机为中介。

5.3.2 研究结果与意义

1. 研究结果

卢俊婷等[37]的研究对中国一家著名食品生产企业的25家分公司的90个部门中的400名员工及其领导者进行问卷调查，最终以有效的351份员工及其领导者的匹配数据为基础，对日常管理中的公仆型领导、员工心理授权、员工亲社会动机以及员工OCB之间的关系进行了跨层次分析。研究结果显示，第一，在日常管理中，公仆型领导行为可以激发员工的亲社会动机，进而增加其助人行为及建言行为；第二，在日常管理中，员工心理授权可以正向调节公仆型领导与员工亲社会动机之间的正向相关关系，当员工心理授权水平较高时，公仆型领导行为与员工亲社会动机之间的正向关系会被增强，并且公仆型领导与员工心理授权的交互作用会通过员工亲社会动机进一步影响员工建言行为；第三，公仆型领导与员工心理授权的交互作用仅可以通过员工亲社会动机对员工建言行为产生影响，公仆型领导与员工心理授权的交互作用通过员工亲社会动机对员工助人行为的影响并不显著。

对于没有被验证的结果，卢俊婷等[37]的研究认为可能存在以下两点原因：第一，虽然收集的有效员工问卷达351份，但是与之相匹配的有效领导问卷仅有81份，可能会影响数据匹配效果。第二，基于现实考虑，建言行为往往是对组织或团队有利，当组织或团队绩效较高时，员工从中获利程度也会较高（比如，多发奖金、福利等），两者之间是一种互利关系。然而，随着经济和技术的快速发展，历史越长、规模越大的企业中竞争越激烈，员工的竞争意识往往越强，并且他们心目中的竞争对手往往是身边一起工作的同事，而助人行为的直接效果是对同事有利，甚至促使同事获取优势。所以，在实际工作中，员工的竞争意识可能会影响员工心理授权的调节作用。

2. 理论意义

首先，卢俊婷等[37]的研究以自我决定理论来解释公仆型领导的作用机制。一方面,基于自我决定理论解释了公仆型领导如何通过激发员工亲社会动机来增加其 OCB。虽然近年来越来越多的学者开始关注公仆型领导对 OCB 的作用机制,但是更多的研究是基于社会学习理论来给予解释。例如,Liden 等[24]利用社会学习理论解释了公仆型领导对员工态度和行为的作用机制。另一方面,基于自我决定理论分析了员工心理授权水平如何在公仆型领导的影响路径中发挥作用。虽然已有许多学者研究了不同领导方式对员工心理授权的影响,但是均未基于自我决定理论来解释员工心理授权在公仆型领导作用机制中的调节作用。尽管 Pieterse 等[43]以及 Zhong 等[44]分别基于能力和自主性,简单地解释了员工心理授权如何作为调节变量来影响领导行为的有效性,但是,他们对员工心理授权调节作用的解释仍缺乏系统性。卢俊婷等[37]的研究从自我决定理论出发,基于个体对能力、自主和联系的需求和感知水平,对员工心理授权作为调节变量如何影响公仆型领导的有效性给出了更加全面、系统和新颖的解释,进一步拓展了人们对公仆型领导与员工心理授权之间关系的认识。

其次,卢俊婷等[37]的研究在将员工亲社会动机作为中介变量的基础上,还引入了员工心理授权作为调节变量。目前,越来越多的文献开始关注公仆型领导的作用机制。具体地讲,Walumbwa 等[49]将程序公平氛围、服务氛围、员工对领导者的信任以及自我效能感作为公仆型领导与 OCB 之间的中介变量,同时考虑了程序公平氛围和服务氛围在公仆型领导作用机制中的调节作用。此外,Liden 等[24]在研究中指出公仆型领导会增强团队服务文化,进而影响员工组织认同感,最终改善员工行为。但是,基于不同的理论视角来考虑员工亲社会动机以及员工心理授权在其中发挥何种作用的研究还是无人涉及。因而,卢俊婷等[37]的研究是对公仆型领导作用机制研究的一个补充。

3. 实践意义

首先,随着改革开放的发展,无论在思想上,还是在实践中,“以金钱为导向”的社会价值观越来越严重地侵蚀着一代又一代人，有关伦理道德方面的社会问题更是层出不穷。所以，在我国目前社会形势下，无论是针对社会，还是针对企业，大力倡导对公仆型领导的回归均能促使社会或企业形成一种“人人为我，我为人人”的和谐画面，均能在社会或组织中塑造一种以人为本的服务文化。

其次，众多的社会现象表现出公民之间严重缺乏关怀和责任，而现在可以通过倡导企业采取公仆型领导来影响企业员工互帮互助，最终也会对员工积极成为社会公民而发挥推动作用。

最后，随着经济的快速发展和生活节奏的加快，越来越多的人正处于一种高压状态，甚至处于一种焦虑或抑郁状态，给自身安全和社会安全均带来了一定的威胁。而领导者可以通过将公仆型领导理念融入关爱员工、尊重员工、考虑员工期望和诉求等方面当中，并注意对员工进行情绪调整、压力排解，最终改善员工的心理状态，降低甚至消除员工对企业或社会的不利因素。

4. 未来研究展望

第一，未来的研究应该利用那些基于中国组织文化背景下而开发的量表或者对基于西方组织文化的量表进行了必要修订的量表。第二，未来的学者可以针对不同的企业或行业，对公仆型领导的作用机制进行研究分析，以更全面地研究日常管理中公仆型领导的有效性。

本章要点

- 公仆型领导的概念、研究现状
- 公仆型领导如何与社会环境交互影响员工的建言行为和助人行为
- 公仆型领导与员工创新行为的关系
- 公仆型领导与员工 OCB 的关系

本章参考文献

[1] VAN DIERENDONCK D. Servant leadership: A review and synthesis[J]. Journal of Management, 2011, 37(4): 1228-1261.

[2] VAN DIERENDONCK D, PATTERSON K. Compassionate love as a cornerstone of servant leadership: An integration of previous theorizing and research[J]. Journal of Business Ethics, 2015, 128 (1): 119-131.

[3] GREENLEAF R K. The servant as leader[M]. Newton Centre, MA: The Robert K. Greenleaf Center, 1970.

[4] GRAHAM J W. Servant-leadership in organizations: Inspirational and moral[J]. The Leadership Quarterly, 1991, 2(2): 105-119.

[5] EHRHART M G. Leadership and procedural justice climate as antecedents of unit-level organizational citizenship behavior[J]. Personnel Psychology, 2004, 57(1): 61-94.

[6] LAUB J A. Assessing the servant organization: Development of the servant organizational leadership assessment (SOLA) instrument[D]. Boca Raton: Florida Atlantic University, 1999.

[7] LIDEN R C, WAYNE S J, ZHAO H, et al. Servant leadership: Development of a multidimensional measure and multi-level assessment[J]. The Leadership Quarterly, 2008, 19(2): 161-177.

[8] PENG J, WANG Z, CHEN X. Does self-serving leadership hinder team creativity? A moderated dual-path model[J]. Journal of Business Ethics, 2019, 159(2): 419-433.

[9] FIEDLER F E. A contingency model of leadership effectiveness [M] //Advances in experimental social psychology. Pittsburgh: Academic Press, 1964.

[10] SALANCIK G R, PFEFFER J. A social information processing approach to job attitudes and task design[J]. Administrative Science Quarterly, 1978,23(2): 224-253.

[11] EVA N, SENDJAYA S, PRAJOGO D, et al. Creating strategic fit: Aligning servant leadership with organizational structure and strategy[J]. Personnel Review, 2018, 47(1), 166-186.

[12] LU J T, ZHANG Z, JIA M. Servant leadership effectiveness: Do religious atmosphere and housing price matter? Social information-processing perspective[J]. Current Psychology, 2021, 40(8): 3944-3957.

[13] CUI J, JO H, VELASQUEZ M G. Community religion, employees, and the social license to operate[J]. Journal of Business Ethics, 2016, 136(4): 775-807.

[14] CHEN Z, ZHU J, ZHOU M. How does a servant leader fuel the service fire? A multilevel model of servant leadership, individual self identity, group competition climate, and customer service performance[J]. Journal of Applied Psychology, 2015, 100(2): 511-521.

[15] MINTON E A, KAHLE L R, KIM C H. Religion and motives for sustainable behaviors: A cross-cultural comparison and contrast[J]. Journal of Business Research, 2015, 68(9): 1937-1944.

[16] LAM C F, MAYER D M. When do employees speak up for their customers? A model of voice in a customer service context[J]. Personnel Psychology, 2014, 67(3): 637-666.

[17] MATSUNAGA M. Development and validation of an employee voice strategy scale through four studies in Japan[J]. Human Resource Management, 2015, 54(4): 653-671.

[18] MO S, SHI J. The voice link: A moderated mediation model of how ethical leadership affects individual task performance[J]. Journal of Business Ethics, 2018, 152(1): 91 - 101.

[19] GRANT A M. Rocking the boat but keeping it steady: The role of emotion regulation in employee voice[J]. Academy of Management Journal, 2013, 56(6): 1703 - 1723.

[20] LU J T, ZHANG Z, JIA M. Does servant leadership affect employees' emotional labor? A social information-processing perspective[J]. Journal of Business Ethics, 2019, 159(2): 507 - 518.

[21] LAPOINTE E, VANDENBERGHE C. Examination of the relationships between servant leadership, organizational commitment, and voice and antisocial behaviors[J]. Journal of Business Ethics, 2018, 148(1): 99 - 115.

[22] CHAN - SERAFIN S, BRIEF A P, GEORGE J M. Perspective-How does religion matter and why? Religion and the organizational sciences[J]. Organization Science, 2013, 24(5): 1585 - 1600.

[23] FISHER C D, MINBASHIAN A, BECKMANN N, et al. Task appraisals, emotions, and performance goal orientation[J]. Journal of Applied Psychology, 2013, 98(2): 364 - 373.

[24] LIDEN R C, WAYNE S J, LIAO C, et al. Servant leadership and serving culture: Influence on individual and unit performance[J]. Academy of Management Journal, 2014, 57(5): 1434 - 1452.

[25] 卢俊婷,张喆,贾明. 公仆型领导与创新行为:有中介的调节模型[J]. 预测,2017,36(06):9 - 15.

[26] DIERDORFF E C, RUBIN R S, BACHRACH D G. Role expectations as antecedents of citizenship and the moderating effects of work context[J]. Journal of Management, 2012, 38(2): 573 - 598.

[27] SCHWARZ N, CLORE G L. Mood, misattribution, and judg-

ments of well-being: Informative and directive functions of affective states[J]. Journal of Personality and Social Psychology, 1983, 45(3): 513-523.

[28] ISEN A M, JOHNSON M, MERTZ E, et al. The influence of positive affect on the unusualness of word associations[J]. Journal of Personality and Social Psychology, 1985, 48(6): 1413-1426.

[29] SPEARS L C. Reflections on leadership: How Robert K. Greenleaf's theory of servant-leadership influenced today's top management thinkers[M]. New York: John Wiley, 1995.

[30] SOUSA M, VAN DIERENDONCK D. Servant leadership and the effect of the interaction between humility, action, and hierarchical power on follower engagement[J]. Journal of Business Ethics, 2017, 141(1): 13-25.

[31] CHINIARA M, BENTEIN K. Linking servant leadership to individual performance: Differentiating the mediating role of autonomy, competence and relatedness need satisfaction[J]. The Leadership Quarterly, 2016, 27(1): 124-141.

[32] RIVKIN W, DIESTEL S, SCHMIDT K H. The positive relationship between servant leadership and employees' psychological health: A multi-method approach[J]. German Journal of Human Resource Management, 2014, 28(1-2): 52-72.

[33] TANG G, KWAN H K, ZHANG D, et al. Work-family effects of servant leadership: The roles of emotional exhaustion and personal learning[J]. Journal of Business Ethics, 2016, 137(2): 285-297.

[34] GRANT A M, BERRY J W. The necessity of others is the mother of invention: Intrinsic and prosocial motivations, perspective taking, and creativity[J]. Academy of Management Journal, 2011,

54(1)：73－96.

[35] DE DREU C K W，NAUTA A. Self-interest and other-orientation in organizational behavior：Implications for job performance，prosocial behavior，and personal initiative[J]. Journal of Applied Psychology，2009，94(4)：913－926.

[36] LIU X Y，HÄRTEL C E J. Workgroup emotional exchanges and team performance in China[J]. Asia Pacific Journal of Human Resources，2013，51(4)：471－490.

[37] 卢俊婷，张喆，贾明. 公仆型领导对员工组织公民行为影响的跨层次研究：一个有中介的调节模型[J]. 管理评论，2017，29(07)：187－199.

[38] NEUBERT M J，KACMAR K M，CARLSON D S，et al. Regulatory focus as a mediator of the influence of initiating structure and servant leadership on employee behavior[J]. Journal of Applied Psychology，2008，93(6)：1220－1233

[39] DECI E L，RYAN R M. Intrinsic motivation and self-determination in human behavior[M]. New York：Plenum，1985.

[40] DECI E L，RYAN R M. Self-determination theory：A macrotheory of human motivation，development，and health[J]. Canadian Psychology/Psychologie Canadienne，2008，49(3)：182－185.

[41] DREU C D，BAAS M，NIJSTAD B A. Hedonic tone and activation level in the mood-creativity link：Toward a dual pathway to creativity model[J]. Journal of Personality & Social Psychology，2008，94(5)：739－756.

[42] NEWMAN A，SCHWARZ G，COOPER B，et al. How servant leadership influences organizational citizenship behavior：The roles of LMX，empowerment，and proactive personality[J]. Journal of Business Ethics，2017，145(1)：49－62.

[43] PIETERSE A N, VAN KNIPPENBERG D, SCHIPPERS M, et al. Transformational and transactional leadership and innovative behavior: The moderating role of psychological empowerment[J]. Journal of Organizational Behavior, 2010, 31(4): 609-623.

[44] ZHONG J A, LAM W, CHEN Z. Relationship between leader-member exchange and organizational citizenship behaviors: Examining the moderating role of empowerment[J]. Asia Pacific Journal of Management, 2011, 28(3): 609-626.

[45] ZHANG X, BARTOL K M. Linking empowering leadership and employee creativity: The influence of psychological empowerment, intrinsic motivation, and creative process engagement[J]. Academy of Management Journal, 2010, 53(1): 107-128.

[46] PAVEY L, GREITEMEYER T, SPARKS P. Highlighting relatedness promotes prosocial motives and behavior[J]. Personality and Social Psychology Bulletin, 2011, 37(7): 905-917.

[47] GRANT A M, MAYER D M. Good soldiers and good actors: Prosocial and impression management motives as interactive predictors of affiliative citizenship behaviors[J]. Journal of Applied Psychology, 2009, 94(4): 900-912.

[48] SPREITZER G M. Psychological empowerment in the workplace: Dimensions, measurement, and validation[J]. Academy of Management Journal, 1995, 38(5):1442-1465.

[49] WALUMBWA F O, HARTNELL C A, OKE A. Servant leadership, procedural justice climate, service climate, employee attitudes, and organizational citizenship behavior: A cross-level investigation[J]. Journal of Applied Psychology, 2010, 95(3):517-529.

第 6 章　谦卑型领导对员工的影响研究

在现代，领导组织是很困难的，特别是考虑到企业丑闻的数量。这造成了对领导层的信任危机。领导者必须不断地迎接对他们能力、诚信和信任的挑战。传统的自上而下的领导方式已经跟不上时代的发展，研究表明领导者应该有开放的思想，包括认识到自己的知识和经验的局限性。此外，研究者发现领导者应该更多地关注下属的影响力。因此，研究者更加关注自下而上的领导，这主要围绕不把自己看作金字塔的顶峰，而是团队的根，并关注员工发展的领导者展开。许多最近的研究指出，谦卑是自下而上领导力的核心。研究人员经常告诉领导者要更加谦卑，他们发现迫切需要建立一个可行的领导者谦卑模型[1]。接下来，本章将详细介绍谦卑型领导的定义、研究现状，并重点关注了谦卑型领导与员工创造力的关系研究。

6.1　谦卑型领导的定义与研究现状

谦卑是一种超然的品质。它有着丰富的历史，根源于世界上所有主要宗教，包括佛教、犹太教/基督教、印度教和伊斯兰教等。他们都相信谦卑有助于获得智慧和成功[2]。例如，老子在《道德经》中指出，谦卑的领导者是不可战胜的。谦卑的人不把自己视为宇宙的中心，而是认识到自己与更大的群体相比有局限性。

心理学家也总结了谦卑的积极方面，并制定了各种方法来测试它的积极影响，包括脚踏实地的态度、低自我关注、尊重他人和智力开放。一些研究表明，自恋、低自尊、马基雅维利主义或防御性的高自尊消极地预示着谦卑，而情绪意识和控制积极地预示着谦卑。反过来，谦卑应该预示对他人的支持、社会化的权力动机和参与式领导[1]。归根结底，谦卑是有效的、社会化的、有魅力的领导的一个重要但被忽视的先决条件，也是一种可取的个人品质，包括自我意识和对他人的导向，而不是对自己的导向。

Owens 等[3]研究并建立了领导者谦卑的理论，并强调了其行为、机制、边界条件和结果。他们认为，领导者的谦卑包含三个方面：承认个人的局限、缺点和错误；关注下属的优势和贡献；接纳新观点（可教性）。他们进行了严格的实证研究，以描述表达谦卑对几个重要的组织结果的影响，包括绩效、满意度和离职率。

最近，研究人员调查了谦卑 CEO 的影响。他们认为，谦卑的基础是屈服于比自己更伟大的事物，其表现形式包括：了解自己的弱点和局限性，欣赏他人的贡献和长处，保持开放的心态来提高自己，追求不是为了个人荣誉的东西，尽量不把注意力吸引到自己身上[2]。Owens 等[4]认为，下属模仿谦卑的领导者行为，创造集体谦卑，反过来促进集体专注，最终提高团队绩效。

关于领导者谦卑的实证研究仍然很少，现有的实证研究主要考察了领导者谦卑对相关员工的一般结果，如支持性的领导与下属关系[1]、工作投入[5]、情感承诺[6]和团队绩效[4]。可见，领导者谦卑对员工创造力的影响通常未被探讨。Wang 等[7]的研究填补了这个研究空白。

6.2 谦卑型领导与员工创造力

Wang 等[7]的研究关注这一研究问题：如果领导者的谦卑和员工的创造力之间确实存在关系，那么领导者的谦卑如何激发员工的创造力？尽管早期的实证研究提供了令人信服的证据，表明内在动机在领导与员工创造力之间起到中介作用[8]，而后来的研究发现内在动机可能会产生不一致的结果。因此，相关研究质疑创造力的内在动机方法，并呼吁更好地解释领导力如何与员工创造力相联系。

Wang 等[7]的研究基于社会信息处理理论[9]，对谦卑型领导与员工创造力之间的关系提出了不同的解释，揭示了上述关系的潜在机制。Wang 等[7]的研究认为，领导者的谦卑作为一种社会线索，可以影响员工的认知过程，如鼓励他们考虑其他观点，从而鼓励员工的创造力。换位思考是一种认知过程，指的是个体通过采纳他人的观点来理解他们的偏好、价值观和需求。换位思考的员工可能更有创造力。谦卑型领导可以促使员工考虑其他观点，即促进员工的换位思考，从而提高他们的创造力。

Wang 等[7]的研究还提出这样一个研究问题：谦卑型领导何时能激发员工的创造力？一些研究人员指出，创造力只是认知和情感之间的一种互动[10]。认知和情感是密不可分的，它们的关系就像硬币的两面。基于情绪调节过程模型[11]，并结合社会信息加工理论[9]，Wang 等[7]的研究提出员工是否注意到并积极解读领导者的谦卑取决于员工的认知重评能力。在 Wang 等[7]的研究中，地震后的大量事件引发了情绪反应，认知重新评价作为一种前因导向的策略，医疗工作组经常采用，帮助人们有效地应对情绪事件和压力。这种情绪调节策略对创新过程也有调节作用。

下面将详细介绍 Wang 等[7]的研究。

6.2.1 研究内容

1. 领导者谦卑与员工创造力

创造力可以但并不总是孤立地发生，它通常发生在领导者和团队成员之间的互动过程中。最近的研究表明，领导风格可以提高员工的创造力[12]。例如，一些研究人员发现，变革型领导可以通过内部动机激发员工的创造力[13]。相关研究还通过三种中介机制证明了授权领导力和员工创造力之间的积极关系：心理授权、内部动机和创造性过程参与。同时，研究人员还测试了两个重要的边界条件：授权角色身份和领导者对创造力的鼓励。鉴于相关研究发现领导者可以影响员工的创造力，许多研究都在探索如何产生新颖的想法，而忽略了有用的想法，这也是创造力的一个重要维度[14]。想法最终会为组织内部和外部的人解决实际问题，领导者必须鼓励员工提出新颖和有用的想法。Wang 等[7]的研究认为，做到这一点的一个方法是领导者的谦卑。

从社会信息加工的角度来看，员工的态度和行为是加工和解释社会线索的结果[9]。值得注意的是，领导力在员工的环境中是一个主要的社会影响。根据 Owens 等[5]的研究，领导者的谦卑包括愿意准确地审视自己，欣赏他人的优点，以及演示可教性。这些行为是社会线索，可以影响员工的态度和行为，激励他们提出新颖和有用的想法。其原因有以下三点：

第一，领导承认自身局限性和错误会鼓励员工的创造力，因为在探索新想法和新技术时，犯错会变得更容易。谦卑的领导者认为错误是学习中正常的甚至是有益的一部分，他们相信失败是持续成功的必要条件[3-4]。这种社会线索可以影响员工的态度和行为，提高员工的心理安全[3]。因此，这种领导行为可能会激励员工更多地参与创造性的、批判性的思维过程，挑战传统观念，从事没有风险的不确定的活动，这些都是创造力的必要先决条件。此外，领导者谦卑也是基于服从比自己更强大的东西，追求低自我关注和高自我超越的活动，生活追求更多的是关于更大的社区而不是自己[6]。因此，谦卑的领导者能把注意力放在他人身上，设身处地为他人着想，鼓励那些最终对他人有用的想法。在领导者谦卑的社会影响下，员工也更倾向于提出有用的想法。

第二，欣赏员工优势和贡献的领导者会激励员工提出创造性的想法。谦卑的领导行为建立了一个社会环境，在这个环境中，员工额外的创造性努力得到了关注和支持。这些社会线索激励员工在选择可行的、创造性的解决方案之前开发多样化的创造性选择[12]。与此一致，Owens 等[4]认为，在这种情况下，员工会效仿谦卑的领导者，然后形成集体谦卑，从而强化员工的学习导向，进而激发创造力。

第三，对创造性想法和反馈展示可教性或开放态度，有助于培养员工的创造力。领导者对新信息的开放态度有助于员工将不确定性视为对环境的正常和有效的评估。谦卑领导者下属的员工对流程感到满意，并将环境的不确定性合理化。这促进了对不可预测性的接受和进行更多的试错实验[3]，所有这些都激发了创造力。来自领导的积极反馈，作为一种社交线索，也可以有助于员工创造力的产生。根据社会信息加工视角[9]，这种领导者和员工之间的可教性互动模式创造了一个开放的工作环境。作为一种社交暗示，员工更有可能相互学习，从而产生更多创造性的想法。

简而言之，Wang 等[7]的研究认为，领导者的谦卑自然会为员工的创造力提供机会、动力和能力。

2. 换位思考的中介作用

换位思考是一种从他人的角度想象世界或想象自己站在他人的立场，来理解他人的观点、想法、动机、意图和情绪的主动认知过程[15]。许多研究人员探索影响换位思考的因素，并发现认知能力和动机水平决定了换位思考是否发生。认知能力和动机水平都包含个体差异和情境因素。例如，可以影响换位思考的认知能力的个体差异包括认知复杂性和情绪调节；情境因素包括工作记忆、认知负荷和时间压力。同时，那些增强认知资源可用性的个体差异和情境力量也增加了换位思考发生的可能性。

借鉴社会信息处理理论[9]，Wang 等[7]的研究首先提出，领导者谦卑作为一种社会线索，可以影响员工的认知过程（如换位思考），进而通过创造性解决问题的过程产生新颖的想法，通过他人聚焦的信息加工而产生有用的想法。具体而言：

第一，谦卑型领导者通常会更客观地看待自己，更欣赏他人，更开放地看待新信息或新想法[3]。根据社会信息加工视角[9]，员工依赖领导者的线索来告知他们的认知和行为。因此，在工作中观察谦卑型领导的行为可能会鼓励员工模仿这种行为。也就是说，他们可能会更客观地看待自己，更欣赏他人，更开放地看待不确定性。客观地看待自己是换位思考的基本前提，欣赏他人的优点和贡献可以激励员工参与换位思考的过程。

第二，谦卑型领导者能够接受比自己更伟大的东西[5]。他们不太关注自我，却很关注他人。在灾难背景下，他们更关心的是更大的社区，而不是自己[6]。在这种亲社会影响下，员工可能会以对工作场所更全面的理解和与领导相似的经历来认同和联系领导。因此，员工可能更容易进行换位思考。

第三，谦卑型领导是一种学习榜样，表明对新想法和反馈持开放态度，以及先听后说。这种领导者和员工之间的可教性互动模式也促进了员工的换位思考。Parker 等[16]发现，频繁的互动促进了员工的换位思考。研究人员表示，与他人合作和互动可以让你从他人的角度看问题。因此，互动使员工能够理解其他人的观点是什么，以及为什么其他人可能会有这些观点。因此，当领导者表现出可教性时，员工更有可能从别人的角度看问题。

总之，Wang 等[7]的研究提出谦卑型领导会促进员工的换位思考。进一步地，Wang 等[7]的研究也提出，换位思考会激发创造力。员工创造力是组织创新、效率和生存的重要因素。具体来说，当员工在工作中具有创造性时，他们制定的想法不仅新颖，而且有用，并解决实际问题。Wang 等[7]的研究认为，如果员工更多地考虑他人的观点，他们就更有可能提出新颖和有用的想法。反过来，Wang 等[7]的研究也提出了员工换位思考实质上有助于创造力产生的几个原因，具体如下：

首先，考虑团队成员和领导者的观点有助于产生更全面的评估，并整合新颖的想法。这个概念依赖于创造性解决问题的过程，即生成、概念化、优化和实施有价值的新解决方案。第一阶段生成，意味着创造新的可能性。考虑其他观点有助于产生更多的想法，并促进对这些想法更有建设性的评估。例如,Parker 等[16]认为,换位思考增强了人际关系,培养了合作行为,这有利于员工创造力的产生。一些研究表明,考虑他人的观点也可以改善情绪调节。那么,由于积极情绪可以扩大员工注意力和认知的范围,从而提高了创造力。

其次,关注他人的观点会给员工一个标准来判断想法是否有用[14]。为了将新的可能性转化为创造力,员工需要选择那些最有用的想法。当员工站在别人的角度考虑问题时,他们更能同情别人,对他们的不幸表现出关心,并为别人的成就喝彩,因此他们更有可能发现新颖想法的有效应用[16]。例如,一些研究人员提出,从受益者的角度考虑,可以产生更有创造性和有用的方法来帮助他们[14]。一些研究人员还提出,换位思考在视角多样性和团队创造力之间起中介作用,因为其他观点的数量也可能导致有用的和创造性的想法。简而言之,Wang 等[7]的研究提出,员工的换位思考能够激励成员提出新颖和有用的想法。

综上所述,基于社会信息加工理论[9],Wang 等[7]的研究提出,领导者谦卑作为一种社会线索影响员工的思维方式,即换位思考,进而激励他们不仅通过创造性解决问题的过程来开发新颖的想法,而且通过他人关注的信息处理来开发有用的想法。因此,员工的换位思考在谦卑型领导与员工创造力之间起中介作用。

3. 认知重评的调节作用

情感和认知是紧密相连的,二者的关系就像一个硬币的两面。认知心理学家对理解情感与认知的多种互动方式,尤其是情感在信息加工中的重要作用非常感兴趣。一些研究人员还发现,情绪和调节能力的个体差异会影响人们处理社会信息的方式以及在具有挑战性的情况下的行为。同样,研究人员表明,一个人越能调节自己的情绪,就越能从其他角度考虑问题[15]。

基于情绪调节过程模型[11],情绪调节策略在影响情绪生成过程时存在差异,可以分为前因导向策略和反应导向策略。前因导向策略侧重于在情绪反应完全发生之前，通过改变情境或对情境的感知来修正最初的感觉。以反应为中心的策略通常涉及抑制情绪[17]。最广泛讨论的前因导向策略是认知重评[17]，其特征是对情境进行认知上的转换，从而改变其情绪影响。也就是说，个体考虑其他视角和潜在的前因来改变他们如何感知或解释事件[18]。

反过来，换位思考的经验是一个人对一种情况的认知评估的结果[16]。研究人员指出，情境力量和个人因素都与换位思考相关[16]。因此，员工是否注意到并积极地将领导的谦卑理解为情境线索取决于员工。研究人员发现，情绪和调节能力的个体差异会影响人们在具有挑战性的情况下处理社会信息的方式。

Wang 等[7]的研究之所以关注认知重评，是因为在其研究背景下，地震后医疗工作组采用了这种策略来应对工作带来的情感创伤。更重要的是，研究人员表明，看到别人的痛苦是否会导致从另一个角度看问题，取决于观察者使用认知重评的能力[19]。在灾难情境下，具有较高认知重评能力的员工往往具有利他动机，对谦卑的领导者以他人为中心的行为会做出更积极的反应。认知重评能力较低的员工往往有自我中心的动机，容易陷入个人困境。反过来，他们可能会对谦卑的领导者以他人为中心的行为做出消极的反应[19]。因此，员工的认知重评会影响领导者谦卑与员工换位思考的关系，当员工使用认知重评策略时，领导者谦卑与员工换位思考的积极关系会更强。

6.2.2　研究结果与意义

1. 研究结果

Wang 等[7]的研究于 2008 年 12 月至 2009 年 4 月进行调查，以 129 个应急医疗分队的 451 对领导和成员为研究对象，测试了一个将领导者谦卑与员工创造力相联系的模型。研究结果表明，领导者的谦卑与员工的换位思考和创造力呈正相关。员工认知重评调节了领导者谦卑与员工换位思考之间的关系，员工换位思考在领导者谦卑与员工认知重评对创造力的交互作用中起中介作用。

2. 理论意义

首先，Wang 等[7]的研究构建并检验了一个理论模型，这个模型独特地整合了关于谦卑型领导的理论和关于创造力的理论。尽管许多研究关注了领导风格，如变革型领导、支持型领导、控制型领导、授权型领导和辱虐型领导，与员工创造力之间的关系，但领导者的谦卑却没有被探索。Wang 等[7]的研究填补了这一研究空白，也是第一次着眼于领导者谦卑与员工创造力之间的关系。研究发现，谦卑型领导影响员工的思维方式，并鼓励他们提出新颖和有用的想法。此外，Wang 等[7]的研究通过扩展谦卑型领导所导致的员工结果的范围(如创造力)，增加了谦卑型领导的文献。这是很重要的，因为之前的工作主要集中在提供一个谦卑型领导的概念框架。关于谦卑型领导的实证研究尚不多见，且谦卑型领导对员工创造力的影响一般未被探讨。Wang 等[7]的研究也响应了以往的研究呼吁，即在领导力的背景下，以实证的方式研究表达出谦卑的好处。

其次，Wang 等[7]的研究通过探索谦卑型领导最终影响员工创造力的认知处理视角，对领导力和社会信息处理文献都有所贡献。虽然有许多研究者探讨了领导力与员工创造力之间的关系，但他们大多集中在通过增加员工的内部动机来激励员工提出新颖的想法。然而，创造力包括新颖和有用的想法，学者们正在寻找连接领导与创造力的其他中介机制[8]。Wang 等[7]的研究从认知处理的角度揭示了隐藏在谦卑型领导和员工创造力之间关系的“黑箱”，以此回应这一呼吁[14]。根据社会信息处理理论[9]，Wang 等[7]的研究结果表明，领导者的谦卑作为一种社会线索，可以影响员工的思维方式(如鼓励换位思考)，以及通过创造性地解决问题的过程和通过关注他人的信息处理过程来激发他们发展新的想法。此外，鉴于社会信息处理视角并没有清楚地阐明将社会信息与感知、态度和行为联系起来的过程，Wang 等[7]的研究结果表明，在社会信息加工理论中，换位思考是一个重要的认知过程。

第三，Wang 等[7]的研究通过探索认知与情绪之间的相互作用，有助于对创新理论的理解。Wang 等[7]的研究整合了社会信息处理过程中的认知与一个情绪处理模型，以解释领导者谦卑如何影响员工创造力。虽然一些研究者认为创造力是认知和情感交互作用的结果[10]，但很少有人关注两者之间的相互作用。Wang 等[7]的研究不仅提出了特定的领导品质，如领导者谦卑，通过增加换位思考来提高员工的创造力（即用脑思考），而且还提出了个人因素（认知重评）对于这个过程的调节作用（即用心思考）。Wang 等[7]的研究回应了对更充分理解员工选择采取创造性行动的边界条件的呼吁。

3. 实践意义

第一，员工的创造力在当今的组织中越来越重要，领导者现在被期望在他们的组织中推动它。但是，对于当今的领导者来说，培养创造力是一项艰巨的任务，因为他们面临着多重挑战。领导人如何才能应付这些繁重的要求呢？Wang 等[7]的研究结果表明，领导者的谦卑是一种方式，组织可以实施培训干预措施，以培养领导者的谦卑，这样领导者对员工的想法和反馈更开放，准确地看待自己，并欣赏他人的优势和贡献。

第二，Wang 等[7]的研究结果突出了换位思考的影响。领导者必须让员工考虑不同的观点。此外，需要注意的是，领导者的谦卑会对这一点产生积极的影响。因此，让领导者意识到他们对员工换位思考的巨大影响具有巨大的价值。尤其是领导者必须意识到，他们有责任培养一种开放的讨论氛围，赞赏他人的贡献和长处，并提供积极的反馈。

第三，谦卑型领导可以关注认知重评策略，以影响员工的情绪和创造力。领导者应该以身作则，指导员工如何通过考虑其他观点、重塑自己的看法和重新解读事件来从认知上改变情况。开展这种思想工作，可以促使员工进行认知重评。领导者可以实施培训干预，鼓励员工采用认知重评策略，从而使他们更有创造力。

4. 未来研究展望

第一，Wang 等[7]的研究只评估自然灾害这种混乱的紧急情况，这些危机的性质可能会影响员工的换位思考和认知重评。因此，Wang 等[7]的研究结果可能仅限于自然灾害的情况，未来研究可以探索领导者谦卑在其他危机中的影响。

第二，Wang 等[7]的研究是要求领导人对自己的谦卑程度进行评估。这样的评级可能是出于自私的偏见，因为一些领导人可能会夸大他们的评价，让自己看起来更谦卑。员工的换位思考和认知重评也是自我报告的。此外，员工创造力的数据来自领导的评估，这是一个相对客观的测量。未来的研究应该使用客观的创造力衡量标准，或者让下属评估领导的谦卑程度。

第三，Wang 等[7]的研究中的样本来自汶川地震后照顾伤员的医院，这可能会对团队中谦逊的领导、换位思考和认知重评的感知程度产生影响。在不同的文化背景下，研究该理论模型也很重要。西方文化可能会显示出相当不同的结果。当然，领导者谦逊的影响已经在不同的文化中得到了检验。然而，员工的换位思考和认知重评对文化差异很敏感。因此，在其他文化中进一步测试 Wang 等[7]的研究结果可能是有启发意义的。

第四，Wang 等[7]的研究的模型局限于领导者谦逊对员工创造力的积极影响，并以换位思考作为中介。Wang 等[7]的研究忽视了其他形式的领导、中介变量，以及潜在的不利影响。总的来说，Wang 等[7]的研究对学术背景下谦卑型领导有利和有害结果知之甚少，未来的研究可以进一步拓宽该研究的理论焦点。

本章要点

- 领导者谦卑的定义与特征
- 领导者谦卑如何提高员工创造力

本章参考文献

[1] MORRIS J A, BROTHERIDGE C M, URBANSKI J C. Bringing humility to leadership: Antecedents and consequences of leader humility[J]. Human Relations, 2005, 58(10): 1323 - 1350.

[2] OU A Y, SU Q, CHIU C, et al. Leader humility and follower responses: How does status incongruence matter[C] // Beijing, China:International Association for Chinese Management Research Biannual Conference,2014.

[3] OWENS B P, HEKMAN D R. Modeling how to grow: An inductive examination of humble leader behaviors, contingencies, and outcomes[J]. Academy of Management Journal, 2012, 55(4): 787 -818.

[4] OWENS B P, HEKMAN D R. How does leader humility influence team performance? Exploring the mechanisms of contagion and collective promotion focus[J]. Academy of Management Journal, 2016, 59(3): 1088 - 1111.

[5] OWENS B P, JOHNSON M D, MITCHELL T R. Expressed humility in organizations: Implications for performance, teams, and leadership[J]. Organization Science, 2013, 24(5):1517 - 1538.

[6] OU A Y, TSUI A S, KINICKI A J, et al. Humble chief executive officers' connections to top management team integration and mid-

dle managers' responses[J]. Administrative Science Quarterly, 2014, 59(1):34-72.

[7] WANG J, ZHANG Z, JIA M. Understanding how leader humility enhances employee creativity: The roles of perspective taking and cognitive reappraisal[J]. The Journal of Applied Behavioral Science, 2017, 53(1): 5-31.

[8] LIU D, CHEN X P, YAO X. From autonomy to creativity: A multilevel investigation of the mediating role of harmonious passion [J]. Journal of Applied Psychology, 2011, 96(2): 294-309.

[9] GRIFFIN R W. Objective and social sources of information in task redesign: A field experiment[J]. Administrative Science Quarterly, 1983(15): 184-200.

[10] SOROA G, BALLUERKA N, HOMMEL B, et al. Assessing interactions between cognition, emotion, and motivation in creativity: The construction and validation of EDICOS[J]. Thinking Skills and Creativity, 2015(17): 45-58.

[11] GROSS J J, THOMSON R A. Emotion regulation: Conceptual foundations[J]. Gross Handbook, 2007, 21(3):431-441.

[12] ZHANG X, BARTOL K M. Linking empowering leadership and employee creativity: The influence of psychological empowerment, intrinsic motivation, and creative process engagement[J]. Academy of Management Journal, 2010, 53(1): 107-128.

[13] SHIN S J, ZHOU J. When is educational specialization heterogeneity related to creativity in research and development teams? Transformational leadership as a moderator[J]. Journal of Applied Psychology, 2007, 92(6): 1709-1721.

[14] GRANT A M, BERRY J W. The necessity of others is the mother of invention: Intrinsic and prosocial motivations, perspective taking,

and creativity[J]. Academy of Management Journal, 2011, 54(1): 73-96.

[15] KU G, WANG C S, GALINSKY A D. The promise and perversity of perspective-taking in organizations[J]. Research in Organizational Behavior, 2015(35): 79-102.

[16] PARKER S K, AXTELL C M. Seeing another viewpoint: Antecedents and outcomes of employee perspective taking[J]. Academy of Management Journal, 2001, 44(6): 1085-1100.

[17] GROSS J J, JOHN O P. Individual differences in two emotion regulation processes: Implications for affect, relationships, and well-being[J]. Journal of Personality and Social Psychology, 2003, 85(2): 348-362.

[18] THIEL C E, CONNELLY S, GRIFFITH J A. Leadership and emotion management for complex tasks: Different emotions, different strategies[J]. The Leadership Quarterly, 2012, 23(3): 517-533.

[19] LAMM C, BATSON C D, DECETY J. The neural substrate of human empathy: Effects of perspective-taking and cognitive appraisal[J]. Journal of Cognitive Neuroscience, 2007, 19(1): 42-58.

第7章 辱虐型领导对员工的影响研究

在组织中，领导者通常是有权有势的人，他们对员工工作生活的许多方面都有影响。俗话说，能力越大，责任越大。换言之，领导者应该谨慎使用他们的权力和影响力，避免破坏性的行为。许多领导者都是这样做的，他们为员工提供了很大的支持。然而，另外一些领导则不然，拥有权力的领导者也可能是黑暗的或破坏性的。当前研究最多的破坏性领导形式是辱虐型领导(abusive supervision)。本章聚焦于辱虐型领导这一领导形式，详细介绍了辱虐型领导的定义与研究现状，并重点关注了第三方视角下的辱虐型领导。

7.1 辱虐型领导的定义与研究现状

辱虐型领导被定义为下属对领导持续表现出敌意的言语和非言语行为(不包括身体接触)的程度的感知[1]。许多研究表明，辱虐型领导降低了受害者的任务绩效[2]、创造力[3]和敬业度[4]，但增加了情绪耗竭[5]、工作倦怠[6]和工作紧张[7]。然而，这些研究只关注于直接受害者，没有考虑辱虐型领导对第三方的影响[8]。学者们指出，许多员工没有亲身经历过被领导辱虐，但他们可能亲眼看见或间接经历过[9]。Peng 等[2]将这种现象称为同事被辱虐(peer abusive supervision, PAS)，定义为同事被同一领导辱虐的程度。PAS 也会对第三方产生影响。

一方面，PAS 诱发了第三方对受害者的一致性反应。Harris 等[9]认为 PAS 会导致第三方的工作挫折。Priesemuth[10]和 Priesemuth 等[11]提出，第三方可以通过在发现同事被辱虐时站出来反对他们的主管来保护受害者。此外，研究表明，PAS 会增加第三方的越轨行为（例如，对主管表现粗鲁），但会减少他们的创造性行为[8]。

另一方面，第三方不太可能一直站在受害者身后。研究表明，第三方可能偶尔会偏袒施暴者，而不是受害者[12]。根据正义理论的范围，当受害者被认为应受惩罚时，第三方认为 PAS 是正当的，因此，出现了从众效应，集体行动促进了新的辱虐形式，包括同事排斥[8]。此外，借鉴调节焦点理论，预防焦点的第三方将 PAS 视为管理者激励员工绩效的策略，从而努力工作以自我保护[13]。

文献综述清楚地表明，PAS 的研究处于早期的起步阶段，越来越多的学者开始关注 PAS 的第三方反应。以往的研究主要集中在第三方对受害者的一致性反应，较少关注第三方对受害者的非一致性反应。然而，两项研究都侧重于认知过程，忽视了情绪过程在 PAS 与第三方反应关系中的重要作用。因此，Qiao 等[14]的研究将幸灾乐祸作为与受害者不一致的情绪纳入 PAS 研究领域，且该研究也不同于认知视角（如公平理论、调节焦点理论）的研究。下面将详细介绍 Qiao 等[14]的研究。

7.2　辱虐型领导与员工工作投入：第三方视角

7.2.1　研究内容

从道义的角度来看，第三方有对 PAS 表现出义愤的道德义务，因为 PAS 违背了第三方的道德规范和社会规范。从道义和公平视角来看，当被领导辱虐的受害者被认为不应受到惩罚时，第三方会感到愤怒[8]。显然，这些论点建立在一个潜在的假设上，即第三方支持他们的同事，产生与受害者一致的情绪（即道德勇气、愤怒和同情）[12]。然而，Mitchell 等[8]认为，当受害者被认为应该受到辱虐时，第三方会认为这种辱虐是正当的，并对此感到满意。他们专注于一个“冷”的认知过程，在这个过程中，第三方的满意是基于他们对正义的感知，这在很大程度上忽略了一个“热”的情感过程。此外，Skarlicki 等[15]指出，第三方对 PAS 的情绪和行为反应往往是直观的。因此，应从情感的角度来理解当第三方与受害者情绪不一致时，PAS 与第三方之间的联系。

在此基础上，Qiao 等[14]的研究关注情感视角，提出第三方可能在看到同事被辱虐中获得快乐，产生与受害者不一致的情绪，即幸灾乐祸[12]。幸灾乐祸被定义为一种从他人的不幸中获得的快乐[16]，是一种道德情感，与他人的幸福形成对比。此外，以情绪为基础的幸灾乐祸模型用于解释观察工作场所辱虐（即 PAS）、第三方幸灾乐祸和行为之间的联系[12]。基于此，Qiao 等[14]的研究指出，如果第三方观察到他们的同事被领导辱虐，他们可能会感到幸灾乐祸。此外，重要的环境因素可能会影响 PAS 引起第三方幸灾乐祸的过程。基于情绪的幸灾乐祸过程模型表明，当第三方与他们的同事分享不兼容的目标时，他们从 PAS 中受益并经历幸灾乐祸[12]。

竞争目标依赖是指第三方与其同事有不兼容或排他性目标的一种环境[16]。也就是说，同事的挫折（即 PAS）有助于第三方的成功。相比之下，合作目标依赖指的是第三方与其同事有兼容或非排他性目标的环境[16]，即同事的挫折（即 PAS）会阻碍第三方的成功[16]。因此，研究认为竞争目标依赖和合作目标依赖是两种重要的边界条件，可能会影响 PAS 引起第三方幸灾乐祸的过程。具体而言，基于以情绪为基础的幸灾乐祸模型[12]，研究认为竞争（合作）目标相互依赖会加剧（缓解）来自 PAS 的第三方幸灾乐祸。此外，幸灾乐祸可能会激励第三方专注于他们的工作，并增加他们的工作投入。工作投入指的是一种积极的、令人满意的、与工作相关的精神状态，其特征是活力、奉献和专注。综上所述，Qiao 等[14]的研究构建了一个有调节的中介模型，在该模型中，PAS 通过幸灾乐祸对工作投入的影响将被竞争目标依赖正向调节和合作目标依赖负向调节。

1. PAS 与第三方幸灾乐祸

在工作场所，观察同事受到辱虐可能会引发第三方的情绪[12]。以情绪为基础的幸灾乐祸模型[12]用于描述观察到的工作场所辱虐、第三方幸灾乐祸及其行为反应之间的关联。现有文献将PAS定义为工作场所辱虐,其中主管是施暴者,同事是辱虐的受害者,而观察者则成为辱虐的第三方证人[17]。以情绪为基础的幸灾乐祸模型[12]指出,如果遇到PAS,第三方将通过以下问题自动评估其重要性:它会对我们有益吗?我们能从中得到什么?如果第三方将同事受到的辱虐视为个人收益或利益,那么他们会与受害者产生不一致的情绪,即幸灾乐祸[12]。为了支持这一观点,先前的幸灾乐祸研究表明,个人利益是幸灾乐祸的重要触发因素[18]。

基于以情绪为基础的幸灾乐祸模型,PAS可能会让第三方幸灾乐祸,从而最终影响到他们的行为反应,比如工作投入。个人收益主要包括物质收益(如绩效激励或晋升)和心理收益(如优越感)。因此,Qiao等[14]的研究从对这两种类型的收益的角度解释为什么PAS会让第三方幸灾乐祸。

第一,PAS为他们提供超越同事的机会,并获得业绩奖励或晋升,从而让第三方感到幸灾乐祸[12]。PAS意味着同事会遇到来自领导的辱骂,其形式包括公开批评、大声和愤怒地发脾气、粗鲁和失业威胁。因此,PAS会导致同事抑郁、焦虑和情绪耗竭[5]。与这些受害者相比,第三方有相当大的精力专注于他们的任务。因此,第三方有机会超越他们的同事,获得激励和晋升。此外,领导在评估员工绩效方面也很重要。如果第三方正在与同事竞争激励或晋升,而这位同事经历了领导辱虐,这是领导者的敌意和厌恶的标志,那么第三方获得激励或晋升的可能性就很大[12]。一般来说,同事的挫折给第三方提供了获得物质利益的机会,从而提供了幸灾乐祸的基础。

第二,PAS通过向第三方提供优越感而引发幸灾乐祸。具体来说,看到同事被轻视、羞辱、破坏和公开批评,会给第三方带来心理上的优势。先前的研究发现,第三方会不断地将自己与同事在成就质量、财产和从上司那里得到的待遇等方面进行比较[19]。因此,PAS表示被辱虐的同事身份不明或被领导认为没有价值。与这些受害者相比，PAS 导致第三方产生优越感。这种向下的比较为第三方提供了心理上的收获，并引发了他们的幸灾乐祸[20]。也就是说，从 PAS 中感受到幸灾乐祸是合理的，反映了人性中的恶意。综上所述，PAS 会引起第三方的幸灾乐祸。

2. 目标依赖在 PAS 与幸灾乐祸之间的调节作用

以情绪为基础的幸灾乐祸模型也指出，零和竞争和冲突造成的紧张可能会促使第三方对观察到的辱虐幸灾乐祸[12]。因此，当环境是零和竞争或第三方与他们的同事发生冲突时，第三方更容易幸灾乐祸[12]。因此，Qiao 等[14]的研究认为竞争性目标依赖加剧了 PAS 与第三方幸灾乐祸之间的关系，原因有二，具体如下。

第一，竞争目标依赖反映了零和竞争情况，在这种情况下，第三方可以从同事的失败中获得实质性的利益。在这种情况下，第三方的表现是相对于其同事的表现进行评估的。只有当第三方超越了他们的竞争对手，他们才能获得晋升或奖励。这种零和绩效激励，即第三方以同事的利益为代价获利，创造了幸灾乐祸的条件(即当同事失败时，第三方可以成功)。因此，竞争目标依赖环境将使 PAS 成为竞争对手的挫折，并帮助第三方实现自己的目标。因此，在竞争性目标依赖的背景下，第三方更可能会在 PAS 之后产生幸灾乐祸。

第二，竞争性目标依赖会加剧第三方和他们的同事之间的冲突或敌对关系[16]。在这种情况下，同事会成为第三方的敌人，并不断阻碍后者实现自己的目标。对敌对目标或敌人的不幸(即 PAS)的观察可以作为假想的报复，使第三方从他人的不幸中获得更多的快乐，并体验更多的幸灾乐祸。例如，观众(第三方)在看到对手输掉比赛时会幸灾乐祸。在理解与同事的输赢关系中，第三方希望成为优于他们的同事[15]。在这种情况下，观察同事被轻视、羞辱、破坏和公开批评的 PAS 会给第三方带来优越感。因此，在竞争目标依赖的背景下，第三方可能会在 PAS 之后经历高水平的幸灾乐祸。

综上所述,Qiao 等[14]的研究提出,竞争目标依赖调节了 PAS 与第三方幸灾乐祸之间的正向关系,即当竞争目标依赖程度高时,PAS 与第三方幸灾乐祸之间的正向关系更强。

相反,Qiao 等[14]的研究认为,合作目标依赖缓解了 PAS 和第三方幸灾乐祸之间的关系。首先,合作目标依赖反映了一种“在一起”的情况。在这种情况下,第三方和同事有共同的目标。因此,同事有效的工作不断帮助第三方实现他们的目标[16]。如果发生 PAS,那么合作者就会感到苦恼,不能集中精力工作,从而降低第三方的工作效率。在合作目标依赖的背景下,每个参与者的表现通常由所有团队成员来评估,当然也包括他们的同事。此外,第三方的绩效薪酬往往由整个团队的绩效决定。考虑到他们在同一条船上,“一荣俱荣,一损俱损”,PAS 是一个反映第三方和同事将一起失败的事件。因此,在合作目标依赖的背景下,第三方在 PAS 之后会感到不那么幸灾乐祸。

其次,合作目标依赖的环境通过建立信任和顺畅的社会关系,降低了第三方和他们的同事之间发生冲突的可能性[16]。在这种情况下,第三方将他们的同事视为合作者,而不是敌人或敌对目标。当合作者受到主管的辱虐时,第三方也会遭受替代性辱虐监督,成为间接受害者[9]。也就是说,PAS 也会让第三方感到被轻视、羞辱和破坏。因此,在合作目标依赖中,第三方的优越感较低,在看到 PAS 时的愉悦感也较低。因此,Qiao 等[14]的研究指出,合作目标相互依赖减轻了 PAS 与第三方幸灾乐祸之间的关系。

3. 第三方幸灾乐祸与工作投入

情绪会对人们的行为产生很大的影响,因此,Qiao 等[14]的研究认为,第三方幸灾乐祸会继续影响第三方的行为倾向,即工作投入。一方面,感到幸灾乐祸的员工愿意提高员工投入。幸灾乐祸被定义为一种释放组织竞争压力的愉悦感[20]。经历幸灾乐祸的第三方比那些没有经历幸灾乐祸的人精力更充沛，注意力更集中，更投入工作。此外，功能磁共振成像(fMRI)的研究结果表明，幸灾乐祸会刺激腹侧纹状体[21]，这是大脑中预测奖励价值的区域。因此，幸灾乐祸可能会帮助第三方预见到回报，并为他们增加工作投入提供动力。

另一方面，感到幸灾乐祸的员工必须增加他们的工作投入。鉴于幸灾乐祸往往发生在不幸之后，它警告第三方，他们也可能成为受害者[13]。先前的研究发现，一些受害者具有挑衅性是由于其表现不佳导致的[22]。因此，第三方必须作出额外的努力，认真从事他们的任务或工作，以避免被领导辱虐。因此，Qiao 等[14]的研究认为幸灾乐祸可以预测工作投入。

7.2.2 研究结果与意义

1. 研究结果

Qiao 等[14]的研究采用实验研究和实证研究相结合的方法验证上述假设。研究一邀请了 104 名来自西北某知名大学的本科生和研究生参与实验。该实验采用面部表情识别技术对被试的情绪进行测量。实验结果表明，与合作目标依赖环境相比，竞争目标依赖环境下的 PAS 导致更多的第三方幸灾乐祸。此外，第三方幸灾乐祸与其工作投入呈正相关。然而，PAS 通过幸灾乐祸对第三方工作投入的间接影响仅在竞争目标依赖的环境下显著。

研究二邀请了 280 名在中国一所大型大学就读在职 MBA 课程的全职员工参与问卷调查。Qiao 等[14]的研究通过两个时间点的调查收集数据。在时间 1，280 名参与者评估了 PAS、竞争目标依赖、合作目标依赖、幸灾乐祸和控制变量。四周后，在时间 2，参与者汇报其工作投入。从分发的 280 份问卷中，总共获得了 229 份完整的、匹配的和可用的问卷，总体回复率为 81.8%。数据分析的结果表明，当第三方员工看到同事被领导辱虐时就会产生幸灾乐祸这种情绪，而幸灾乐祸又能够在某种程度上促进第三方员工的工作绩效。同时,竞争目标依赖环境对 PAS、幸灾乐祸与工作投入之间的关系起到强化作用。

2. 理论意义

第一,Qiao 等[14]的研究从一种情感视角首次将 PAS 与幸灾乐祸联系起来,对 PAS 文献做出了贡献。先前的研究着重于道义视角,并表明第三方会与受害者有一致的反应[10-11],它忽略了第三方可能不会经常与受害者有一致的反应。幸运的是,Mitchell 等[8]对此进行了开创性的研究。这些学者基于道义理论和公平范围理论提出,当受害者被认为应受惩罚时,PAS 被认为是公平的,这种情况下,第三方就会感到满意。与关注第三方对受害者是否值得和 PAS 公平性的认知过程不同,Qiao 等[14]的研究基于情感视角,即基于情绪的幸灾乐祸过程模型,表明第三方对 PAS 可能会直接、直观地体验到幸灾乐祸,这是一种典型的与受害者不一致的情绪[12]。因此,Qiao 等[14]的研究对 PAS 文献做出了贡献,因为该研究打破了固有思维,认为第三方幸灾乐祸来自"热"过程,而不是 Mitchell 等[8]提出的"冷"过程。

第二,Qiao 等[14]的研究通过关注一种较少被研究的情感,即幸灾乐祸,扩展了有关道德情感的文献。关于道德情感的研究主要集中在道德愤怒和内疚,很少关注幸灾乐祸。迄今为止,只有少数关于幸灾乐祸的研究提到了它的前因和结果。Qiao 等[14]的研究提出了幸灾乐祸的一个新的前因(PAS)和一个新的结果(工作投入)。一方面,之前的研究集中于个人特征,如受害者的应得性、低水平的喜爱、嫉妒等,作为幸灾乐祸的前因变量。然而,所有这些前因变量都没有考虑到"幸灾乐祸"也会受到领导力的影响。因此,Qiao 等[14]的研究通过识别一个新的前因变量(PAS),从而扩展了幸灾乐祸的研究。另一方面,迄今为止,只有两项研究关注幸灾乐祸的结果。Kramer 等[23]关注的是传统选择,而 Dasborough 等[24]关注的是员工分享幸灾乐祸的意愿。然而,这两项研究都没有表明幸灾乐祸也会影响员工的工作行为。因此,Qiao 等[14]的研究通过确定一个新的结果(工作投入)对幸灾乐祸的文献做出贡献。

第三,Qiao 等[14]的研究丰富了以情绪为基础的幸灾乐祸模型,提供了目标依赖(即竞争与合作目标相互依赖)可能影响第三方对辱虐的反应的可能性。先前的研究表明,探索观察到辱虐对第三方产生或强或弱的影响的边界条件相当重要[13]。这些研究大多集中于个体层面的调节变量,如道德认同[8]、第三方核心自我评价[25]和第三方预防焦点[13]。然而,几乎所有这些研究都没有考虑到环境因素的重要作用。幸运的是,Li 等[12]在 *Academy of Management Review* 上提出的以情绪为基础的幸灾乐祸模型表明,当第三方和同事有不兼容的目标时,观察到辱虐可能会促进第三方幸灾乐祸。Qiao 等[14]的研究遵循这一研究思路,扩展了以情绪为基础的幸灾乐祸模型,提供了一个途径来回答观察到辱虐何时会产生幸灾乐祸这一重要问题。此外,Qiao 等[14]的研究还通过使用混合方法(即实验和实地研究)对 PAS 和幸灾乐祸文献做出了贡献。迄今为止,只有少数研究使用了混合方法。在实验中,Qiao 等[14]的研究通过面部表情分析技术提供了一种新颖的情绪测量方法,能够客观地测量情绪。先前的情绪研究严重依赖于问卷调查,这是对参与者情绪表达的主观评价,可能没那么有效和可靠。Qiao 等[14]的研究是最早通过面部表情分析技术来测量幸灾乐祸的研究之一,从而显著提高了情绪测量的准确性和客观性,对情绪测量产生了深远的影响。

3. 实践意义

Qiao 等[14]的研究发现强调了组织控制滥用辱虐管理的重要性。该研究结果表明,领导辱虐会影响大型工作组,特别是第三方观察者。虽然 Qiao 等[14]的研究发现似乎表明,第三方可能会在观察到同事受到辱虐后增加他们的工作投入,但是并不鼓励领导使用辱虐管理作为一种策略来增加第三方的工作投入。积极的结果来自第三方的幸灾乐祸,这是恶意的,不道德的。因此,Qiao 等[14]的研究强烈鼓励管理者警惕幸灾乐祸的好处,并试图建立一个高度道德的工作场所。此外,Qiao 等[14]的研究也鼓励组织在奖励那些使用辱虐管理来提高下属工作投入的管理者时要谨慎。

Qiao 等[14]的研究还发现，在竞争目标依赖的背景下，看到 PAS 的第三方员工表现出较高的幸灾乐祸和工作投入水平。因此，组织在使用零和竞争激励和锦标赛职业模式时应该谨慎，因为这种模式会导致竞争目标依赖的环境。竞争目标依赖的环境容易培养出以辱虐型管理为策略的领导者，使其他员工在同伴受到辱虐时幸灾乐祸。为了最大限度地减少辱虐管理，并培养道德文化，组织应避免使用零和竞争战略，鼓励就如何应对职场辱虐进行公开和诚实的对话，并赋予受害者和第三方员工权力，以挑战辱虐型领导。

4. 未来研究展望

首先，在研究二中，参与者本身的辱虐管理与幸灾乐祸呈正相关，这似乎是违反直觉的。然而，在阅读了大量的研究文献之后，研究者们也提供了潜在的原因。第一，Lee 等[26]指出，经历过攻击（即辱虐管理）的员工会变得更没有同理心。此外，James 等[27]提出，低共情会导致员工幸灾乐祸。第二，辱虐管理会导致员工低自尊[28]，而研究指出低自尊是幸灾乐祸的重要预测因子[29]。因此，参与者的辱虐管理与幸灾乐祸之间可能存在一种关系。Qiao 等[14]的研究强烈鼓励未来的学者追踪这些线索，并探索 PAS、被试自身的辱虐管理和幸灾乐祸之间的关系。

其次，Qiao 等[14]的研究只考虑了目标依赖的调节作用。然而，对观察到的辱虐的理论研究认为，观察者的反应可能取决于个人和环境特征。Skarlicki 等[15]提出，对观察到的辱虐的反应可能取决于观察者的个体因素。此外，辱虐管理是一种主观评价，是由个体的感知决定的。因此，两名员工可能对主管的行为有不同的看法。因此，未来的研究可以继续探索其他的个体和环境特征方面的调节变量。

本章要点

- 辱虐型领导的定义
- 从第三方视角关注领导辱虐影响的重要性
- 第三方幸灾乐祸

本章参考文献

[1] TEPPER B J. Consequences of abusive supervision[J]. Academy of Management Journal，2000，43(2)：178－190.

[2] PENG A C，SCHAUBROECK J M，LI Y. Social exchange implications of own and coworkers' experiences of supervisory abuse[J]. Academy of Management Journal，2014，57(5)：1385－1405.

[3] LIU D，LIAO H，LOI R. The dark side of leadership：A three-level investigation of the cascading effect of abusive supervision on employee creativity[J]. Academy of Management Journal，2012，55(5)：1187－1212.

[4] BARNES C M，LUCIANETTI L，BHAVE D P，et al. You wouldn't like me when I'm sleepy：Leaders' sleep，daily abusive supervision，and work unit engagement[J]. Academy of Management Journal，2015，58(5)：1419－1437.

[5] GRANDEY A A，KERN J H，FRONE M R. Verbal abuse from outsiders versus insiders：Comparing frequency，impact on emotional exhaustion，and the role of emotional labor[J]. Journal of Occupational Health Psychology，2007，12(1)：63－79.

[6] MARTINKO M J，HARVEY P，BREES J R，et al. A review of abusive supervision research[J]. Journal of Organizational Behav-

ior, 2013, 34(S1): S120 - S137.

[7] MCALLISTER C P, MACKEY J D, PERREWé P L. The role of self-regulation in the relationship between abusive supervision and job tension[J]. Journal of Organizational Behavior, 2018, 39(4): 416 - 428.

[8] MITCHELL M S, VOGEL R M, FOLGER R. Third parties' reactions to the abusive supervision of coworkers[J]. Journal of Applied Psychology, 2015, 100(4): 1040 - 1055.

[9] HARRIS K J, HARVEY P, HARRIS R B, et al. An investigation of abusive supervision, vicarious abusive supervision, and their joint impacts[J]. The Journal of Social Psychology, 2013, 153(1): 38 - 50.

[10] PRIESEMUTH M. Stand up and speak up: Employees' prosocial reactions to observed abusive supervision[J]. Business & Society, 2013, 52(4): 649 - 665.

[11] PRIESEMUTH M, SCHMINKE M. Helping thy neighbor? Prosocial reactions to observed abusive supervision in the workplace[J]. Journal of Management, 2019, 45(3): 1225 - 1251.

[12] LI X, MCALLISTER D J, ILIES R, et al. Schadenfreude: A counternormative observer response to workplace mistreatment[J]. Academy of Management Review, 2019, 44(2): 360 - 376.

[13] SHAO P, LI A, MAWRITZ M. Self-protective reactions to peer abusive supervision: The moderating role of prevention focus and the mediating role of performance instrumentality[J]. Journal of Organizational Behavior, 2018, 39(1): 12 - 25.

[14] QIAO Y, ZHANG Z, JIA M. Their pain, our pleasure: How and when peer abusive supervision leads to third parties' schadenfreude and work engagement[J]. Journal of Business Ethics,

2021, 169(4): 695 - 711.

[15] SKARLICKI D P, O'REILLY J, KULIK C T. The third-party perspective of (in) justice[M] // CROPANZANO R, AMBROSE M L. The Oxford handbook of justice in the workplace. Oxford: Oxford University Press,2015.

[16] WU L Z, FERRIS D L, KWAN H K, et al. Breaking (or making) the silence: How goal interdependence and social skill predict being ostracized[J]. Organizational Behavior and Human Decision Processes, 2015(131): 51 - 66.

[17] DHANANI L Y, LAPALME M L. It's not personal: A review and theoretical integration of research on vicarious workplace mistreatment[J]. Journal of Management, 2019, 45(6): 2322 - 2351.

[18] MARTICOTTE F, ARCAND M. Schadenfreude, attitude and the purchase intentions of a counterfeit luxury brand[J]. Journal of Business Research, 2017(77): 175 - 183.

[19] COHEN - CHARASH Y, MUELLER J S. Does perceived unfairness exacerbate or mitigate interpersonal counterproductive work behaviors related to envy? [J]. Journal of Applied Psychology, 2007, 92(3): 666 - 680.

[20] MATTA F K, VAN DYNE L. Understanding the disparate behavioral consequences of LMX differentiation: The role of social comparison emotions [J]. Academy of Management Review, 2020, 45(1): 154 - 180.

[21] TAKAHASHI H, KATO M, MATSUURA M, et al. When your gain is my pain and your pain is my gain: neural correlates of envy and schadenfreude[J]. Science, 2009, 323(5916): 937 - 939.

[22] ZHANG H, KWAN H K, ZHANG X, et al. High core self-eval-

uators maintain creativity: A motivational model of abusive supervision[J]. Journal of Management, 2014, 40(4): 1151 - 1174.

[23] KRAMER T, YUCEL - AYBAT O, LAU - GESK L. The effect of schadenfreude on choice of conventional versus unconventional options[J]. Organizational Behavior and Human Decision Processes, 2011, 116(1): 140 - 147.

[24] DASBOROUGH M, HARVEY P. Schadenfreude: The (not so) secret joy of another's misfortune[J]. Journal of Business Ethics, 2017, 141(4): 693 - 707.

[25] WOOLUM A, FOULK T, LANAJ K, et al. Rude color glasses: The contaminating effects of witnessed morning rudeness on perceptions and behaviors throughout the workday[J]. Journal of Applied Psychology, 2017, 102(12): 1658 - 1672.

[26] LEE K Y, KIM E, BHAVE D P, et al. Why victims of undermining at work become perpetrators of undermining: An integrative model[J]. Journal of Applied Psychology, 2016, 101(6): 915 - 924.

[27] JAMES S, KAVANAGH P S, JONASON P K, et al. The dark triad, schadenfreude, and sensational interests: Dark personalities, dark emotions, and dark behaviors[J]. Personality and Individual Differences, 2014(68): 211 - 216.

[28] VOGEL R M, MITCHELL M S. The motivational effects of diminished self-esteem for employees who experience abusive supervision[J]. Journal of Management, 2017, 43(7): 2218 - 2251.

[29] VAN DIJK D, KLUGER A N. Task type as a moderator of positive/negative feedback effects on motivation and performance: A regulatory focus perspective[J]. Journal of Organizational Behavior, 2011, 32(8): 1084 - 1105.